빅윈7
BIGWIN7

삶의 7가지 영역의 성공법칙

[개정판]
빅윈7 BIGWIN7
삶의 7가지 영역의 성공법칙

개정판 1쇄 발행 2021년 1월 17일
개정판 2쇄 발행 2022년 12월 15일

지은이 김세용
펴낸이 장길수
펴낸곳 지식과감성#
출판등록 제2012-000081호

디자인 최지희
편집 최지희
교정 박솔빈
마케팅 고은빛, 정연우

주소 서울시 금천구 벚꽃로298 대륭포스트타워6차 1212호
전화 070-4651-3730~4
팩스 070-4325-7006
이메일 ksbookup@naver.com
홈페이지 www.knsbookup.com

ISBN 979-11-6552-627-6(13320)
값 16,000원

ⓒ 김세용 2021 Printed in Korea

잘못된 책은 구입하신 곳에서 바꾸어 드립니다.
이 책의 전부 또는 일부 내용을 재사용하려면 사전에 저작권자와 펴낸곳의 동의를 받아야 합니다.

이 도서의 국립중앙도서관 출판예정도서목록(CIP)은 서지정보유통지원시스템
홈페이지(http://seoji.nl.go.kr)와 국가자료공동목록시스템(http://www.nl.go.kr/kolisnet)에서
이용하실 수 있습니다. (CIP제어번호 : CIP2020054258)

빅원7
BIGWIN7

김세융 지음

삶의 7가지 영역의 성공법칙

개정판

한국 최초 성공학 트레이너의 진심을 담은 고백
국내에서 잭 캔필드 성공법칙으로 만든 믿을 수 없는 이야기

추천사

 누구나 성공하고 싶어 하고 성공에 대한 꿈을 꾸지만 막상 성공이 무엇인가에 대한 질문 앞에 서면 대부분 선뜻 대답하지를 못한다. 아마도 그것은 막연하게 생각하고 막연하게 꿈을 꾸기 때문일 것이다. 실제로 우리는 성공을 꿈꾸면서 성공을 위해서 살아간다고 해도 과언이 아닐 것이다. 성공을 위해서 공부하고, 성공을 위해서 돈을 번다.
 하지만 그 성공이라는 것은 막연하다. 사람들이 성공에 대한 생각으로 가득한 상태에서 공부하고 살아간다고 할지라도 구체적으로 자신이 꿈꾸는 성공이 어떤 것이며 무엇일지에 대해서는 별로 깊이 있게, 그리고 구체적으로 생각하지 않는다. 또한 그 성공을 어떻게 실현해야 할지에 대해서도 막연하다. 그래서 성공을 꿈꾸고 성공을 원하지만, 총체적으로 막연하기 때문에 그 성공이라는 꿈이나 목표를 달성하기는 어렵다.
 하지만 오랫동안 꿈꾸어 왔던 해외여행을 떠날 때는 다를 것이다. 처음 가보는 나라로 여행을 떠나면서 현실적인 계획이나 준비 없이 공항으로 향하는 사람은 없을 것이다. 인생도 해외여행과 같다. 해외여행을 위해서 준비를 해야 하듯이 성공이라는 꿈을 향해 달려가는 인생에서도 준비가 필요하다. 이 책은 바로 그런 인생을 위한 지침서이자 매뉴얼이다.

이 책의 저자 김세용 대표는 유능한 성공 가이드다. 한때 인생의 시련을 겪었지만 결코 좌절하지 않고 성공이라는 꿈을 위해 다시 도전하였고 재기하였다. 그리고 자신의 경험에서 교훈을 얻었고, 세계 최고의 성공학 트레이너인 미국의 잭 캔필드를 멘토로 삼아 그의 성공학을 마스터하여 그것을 한국에 전파하는 전도사로 우뚝 섰다!

잭 캔필드는 너무도 잘 알려진 세계 최고의 자기계발 분야의 작가이자 성공 코치/트레이너다. 그는 『영혼을 위한 닭고기 수프』 또는 『마음을 열어주는 101가지 이야기』라는 세계적인 베스트셀러 책의 저자이기에 더 이상 긴 설명이 필요 없는 사람이다. 그에게서 직접 훈련을 받고 성공의 원리와 법칙을 배운 김 대표가 우리 감각에 맞게 자신의 언어로 저술한 이 책의 가치가 그래서 더 돋보인다. 또한 지난 몇 년간 일반인들의 자기계발서로서뿐만 아니라 교육용 교재로도 많이 사랑받아왔던 이 책이 이번에 새롭게 개정되어 출판되었으니 그 의미는 더욱 크다.

성공은 주로 외형적인 것만으로 오해되는 경향이 있다. 하지만 실제로 성공의 차원은 여러 가지 차원에서의 조화로운 성취나 달성이라는 점을 이해할 필요가 있다. 다시 말해서 돈은 많아 부자가 되었지만 다른 사람을 착취하고 이용하여 번 돈으로 살아간다면 그것을 성공이라고 생각할 수 있을까? 원하는 승진을 하고 최고의 자리에 올랐지만 다른 사람들과의 관계가 원만하지 못해서 불화와 긴장을 겪고 스트레스 때문에 힘들어한다면 그것도 진정한 성공이 되지 못할 것이다. 남들이 부러워하는 회사의 사장이 되었지만 건강 상태가 좋지 않은 상태에서 약과 병원에 의존해서 살아야 한다면 그것도 성공했다고 보기 어려울 것이다. 그래서 진정한 성공은 인생의 조화가 아닐까?

  당신도 그런 성공을 원한다면 이 책을 일독해보기 바란다. 물론 그 이상으로, 실제로 트레이닝을 받아보는 것이 최선의 선택이 될 것이다. 당신도 성공할 수 있기에, 당신의 성공을 기원하면서….

2020. 11.
설기문마음연구소 소장 설기문 박사

개정판 머리말

한국인을 위한 성공학

『빅윈』 책이 출간되고 2년 9개월이 지나면서 그동안 새롭게 알게 된 사실, 도출된 사례, 시간의 흐름에 따라 업데이트되어야 하는 항목들을 개정하였다. 여기에 추가로 많은 사람들이 오해하고 잘못 적용하고 있는 '긍정노트'와 '자신감 포즈'를 익히고 실습할 수 있는 꼭지를 추가하였다.

개정판을 준비하면서 『빅윈』 책을 다시 샅샅이 훑어보게 되었다. 책을 출간하고 시간이 지나 자신의 책이지만 조금씩 잊혀진 부분을 상기하고 확인하면서 그 내용에 새삼스럽게 감탄하고 놀라게 되었다. 어떤 부분은 내가 쓴 것이 맞나 싶은 부분도 있었고 다시 되새기며 적용하려고 체크한 부분도 있었다. 필자 자신도 본인 책을 보며 다시 체득할 수 있었다. 책은 거듭해서 읽으면서 실제 적용하기 위한 노력을 게을리 해서는 안 된다는 사실이 저자에게도 예외가 없음을 알게 되었다. 저자도 이러한데, 독자분들이 꾸준히 읽을 수 있도록 내용을 더 다듬을 필요가 있다고 생각되었다. 그러므로 이 개정판을 출간하기로 결정한 것은 필자에게도 독자에게도 정말 중요한 일이 될 수 있다는 생각이 들었다.

성공학이라는 분야를 독자에게 쉽게 다가갈 수 있도록 최대한 문장을 간결하게 다듬었다. 외서들을 보며 번역체와 다른 문화(생활방식)의 이질감 때문에 어려움을 느끼셨을 독자를 생각하며, 지난 4년간 교육 중에 얻었던 한국 사례들도 수록하였다. 쉽고 재미있게 풀어내면서 한국 문화에 맞도록 쓰는 것을 이번 개정판의 주요한 목표로 삼고 노력했다.

어디 내놓아도 '최고였다'라고 말할 수 있는 책이 될 수 있도록 했다. 최고의 책이라면 독자가 지불한 책값과 시간의 최소 100배 이상의 성과를 거둘 수 있도록 해야 한다고 생각한다. 이번 개정판도 마찬가지이다. 이 책이 여러분의 인생책이 될 수 있기를 기원한다.

2020년 늦가을
저자 김세윤

머리말

 실행하기만 하면 성공할 수 있도록 만들어 주는 법칙은 무엇일까? 그 성공법칙이 어디에 존재하는가? 그리고 그것을 체득할 수 있도록 도와주는 트레이닝이 존재하는가?

 이 책은 이 물음에 답하기 위해 만들어졌다.

 사람은 효율적으로 원하는 것을 얻고 싶어 한다. 이와 같은 욕구들을 만족시키면서 성공할 수 있는 방법들은 우리 곁에 늘 존재했었다. 이 방법은 누구든, 어디에 있든지 적용하기만 하면 동일한 결과를 불러오는 법칙이다. 성공하고 싶다면 이 법칙을 알고 삶에 적용하기만 하면 된다.

 현실은 법칙을 알고 있어도 제대로 적용하는 경우가 드물다. 그 이유 중 하나는 공부로 간주하고 익히려는 경우가 많기 때문이다. 어린 시절부터 늘 주입식으로 진행되는 좌식 학습에 찌들어서 그런지 몰라도 매번 시험 준비하는 것처럼 접근하려고 한다. 그러나 삶은 실전이다. 머릿속에 지식만으로는 아무것도 할 수 없다. 몸으로 반응해야 한다. 체득(體得)한 성공법칙은 삶에 자연스럽게 적용된다. 아예 습관으로 만들어 버리기 때문이다. 몸으로 익히고 몸으로 적용하는 것이다. 지식으로만 알고 있고 체득되지 않은 성공법칙을 필요한 때에 갑자기 적용할 수는 없다. 오직 훈련된 사람만이 가능하다. 그래서 이 책에서는 단순한 정보전달만이 아니라 구체적 훈련 방법을 워크시트(worksheet)와 함께 제시하고자 한다.

성공법칙은 가슴으로 익히고 가슴으로 적용해야 한다. '법칙'이라고 해서 항상 논리로 접근하려고 하면 성공법칙을 제대로 적용할 수 없다. 현대 사회에 알려진 논리, 보편적인 논리로는 이해하기 어려운 부분도 있기 때문이다. 가령 가장 열정을 갖는 것으로 삶의 목적을 찾고 이를 바탕으로 성공법칙들을 적용해 나갈 때 삶의 모든 분야에서 성공을 거두고 행복해진다는 것은 논리적으로 명확히 설명하기 어렵다. 각 개인이 열정을 찾는 것과 삶의 목적을 찾는 것은 논리로 풀기 어려운 관념적인 개념일 수도 있기 때문이다.

그러나 논리로 해석이 가능한 부분은 논리로 접근한다. 가령 이 책은 성공에 대한 오해를 바로잡는 것부터 출발한다. 안타깝게도 '성공'이라는 단어의 뜻조차 많은 사람들이 잘못 알고 있는 것이 현실이기 때문이다. 성공은 단순히 돈을 많이 벌거나 출세하는 것이 아니다. 성공은 '목표달성'을 말한다. 누구나 원하는 것이 있다. 이것이 목표다. 목표를 성취할 때 우리는 그것을 성공이라고 한다.

책에 소개된 법칙들은 역사상 실제 효과가 있는 것으로 검증된 성공법칙만 집대성한 석세스프린서플(The Success Principles)을 근간으로 하고 있다. 특히 우리나라의 문화와 사람들의 특성에 맞게 전달될 수 있도록 했다. 특히 사람들이 오해하기 쉬운 부분들을 바로잡아 내면을 성공의 씨앗이 잘 자랄 수 있도록 비옥한 토양을 만드는 데 중점을 두었다. 그리고 몸과 마음으로 익혀 언제 올지 모르는 기회를 놓치지 않고 법칙을 적용해 성공할 수 있도록 하는 데 역점을 두었다.

나는 그동안 한국에 성공법칙들이 올바르게 전달되지 못한 것에 안타까움을 느꼈다. 지금까지의 성공학 책들은 대부분 번역서에 의해서 전달되었다. 번역된 책은 본래 의미가 퇴색될 수 있다. 번역가는 성공학 전문가가 아니기 때문이다. 지금까지 성공법칙을 모국어(한국어)로 접하고 익힐 수 있는 장(場)이 거의 없었다. 때문에 나는 이 책이 한국에서 성공학 교육의 지평을 열 것이라 기대하고 있다.

성공학은 자신의 삶을 완전히 책임져야 하며, 마음대로 바꿀 수 있는 권한을 모두 갖고 있다는 전제에서 출발한다(The Success Principles No.1 Take 100% Responsibility for Your Life). 진정한 성공학교육은 사람들이 이 전제를 마음속 깊이 받아들일 수 있도록 만들어야 한다. 그래야 비로소 변화가 가능하다. 삶을 바꿀 수 없는데 그 어떤 성공법칙이 무슨 소용 있겠는가?

지금까지의 삶은 바꿀 수 없다. 그러나 미래의 삶은 아직 정해지지 않았다. 물론 이것을 머리로는 이해하고 있지만 사실은 마음속 깊이 환경, 배경 탓을 하며 노력해도 한계가 있다고 느끼고 있다. 그래서 불평만 한다. 안전지대에 머무르면서 누군가 나를 위해 대신 행동해 주기만을 기다린다. 사실 그 어떤 것도 그 누구의 한계를 만들 수 없다. 오직 스스로 그렇다고 만드는 생각의 한계(브레이크)만 있을 뿐이다. 물론 환경이나 부모는 바꿀 수 없다. 그러나 나의 반응은 바꿀 수 있다. 지금 내가 무엇을 할지는 스스로 정할 수 있다. 반응을 바꾸면 결과도 달라진다. 당연한 법칙이지만 실제 적용하고 있는 사람들은 너무나 적다. 내 인생을 바꿀 수 있는 사람은 오직 나뿐이다. '~되어야만 해', '~해야만 한다'라는 족쇄로 스스로를 한계 짓지 말자. 단언컨대 반드시 해야만 하는 것은 없다. 마찬가지로 반드시 하지 말아야만 하는 것도 없다.

위의 글이 틀렸다고 생각하는가? 맞다. 당신 생각이 옳다. 위의 글에 동의하는가? 맞다. 당신 생각이 옳다. 무슨 생각을 하든 당신이 생각하고 있는 것이 옳다. 당신은 항상 자신이 생각하고 있는 것을 만들고 경험하게 될 것이기 때문이다.

나도 과거와 다른 새로운 삶을 살고 싶었다. 그래서 과감히 반응을 바꿨다. 그 결과로 새로운 삶을 살아가고 있다. 이 책을 읽고 현재 삶의 반응을 바꿀 수 있다면 원하는 삶을 살 수 있다. 한계는 없다. 오직 믿음의 한계만 있을 뿐이다.

수월한 성공을 기원하며
저자 김세윤 드림

목차

추천사	4
개정판 머리말: 한국인을 위한 성공학	7
머리말	9

1부 왜 성공해야 하는가?

1) 왜 성공해야 하는가?	18
2) 왜 성공한 사람은 만날 수 없나?	22

2부 왜 성공트레이닝인가?

1) 성공은 훈련, 머리가 아닌 몸으로 익힌다	28
2) 진정한 성공	33
3) 우리에게는 도깨비 방망이가 있다	37

3부 왜 성공트레이너가 되었나?

1) 위기의 끝에서 성공법칙을 깨닫다	44
2) 한국 최초 잭 캔필드 성공학 트레이너가 되다	48
3) 영감의 흐름을 타다	52

4부 한국형 석세스프린서플

SECTION 1 : 1주차 성공학 트레이닝

1) 100% 책임과 권한을 갖는다	58
2) 반응을 바꾼다	62
3) 현실을 그린다	66
4) 목적을 찾는다	70
* 워크시트를 활용하여 삶의 목적을 찾는 방법 – 삶의 목적 특징	75
* 워크시트(1~4)	77~83

5) 목적에 따른다	84
6) 목표를 정한다	87
＊ 워크시트(5)	90

SECTION 2 : 2주차 성공학 트레이닝

1) 브레이크스루 골	93
＊ 워크시트(6)	98
2) 목표를 부순다	99
3) 비전공유	102
4) 나를 믿는 힘	107
＊ 거울 실습(The Mirror Exercise)	112
＊ 자신감 포즈(The Power Pose Exercise)	116
5) 돈에 대한 브레이크	118
6) 든든한 성공파트너	122
7) 확언으로 푼다	126
8) 확언작성비법	130
9) 지속된 확언의 힘	133
＊ 워크시트(7)	137

SECTION 3 : 3주차 성공학 트레이닝

1) 보다 VS 상상하다	139
2) 감정은 에너지 흐름의 피드백이다	143
3) 레이저같이 비춘다	145
4) 이미 된 것처럼 한다	149
5) 방법(How)은 어떻게 나타나는가?	155
6) 어떻게 영감을 얻는가?	160
7) 세상은 행동에 보상한다	166
＊ 워크시트(8)	173
8) 구하고 구하고 구하라(Ask, Ask, Ask)!	174
9) 구하기 노하우	179
10) 방향은 피드백으로 찾는다	185
11) 마스터마인드그룹	191

프로세싱 스킬(Processing skill)	196
＊ 긍정노트	196

1부

왜 성공해야 하는가?

1) 왜 성공해야 하는가?

잭 캔필드 선생님께 성공학 트레이닝을 받고 있을 때였다. 같이 교육에 참여하고 있는 파트너와 상대방의 목표가 올바르게 설정되었는지 확인하고 있었다. 나는 얼마를 벌고, 기업가치를 얼마로 만들어서 돈을 많이 벌려고 한다는 목표를 말했다. 파트너가 되물었다.

"왜 돈을 많이 벌려고 하는 건가요?"

"왜? 왜냐하면……."

갑자기 아무 생각도 나지 않았다. '나는 왜 돈을 많이 벌려는 것이지?' 곰곰이 생각해보니 돈 때문에 겪었던 아픔을 다시는 경험하고 싶지 않아 생각했던 목표였다. 그 이후로는 이 목표에 대한 이유에 대해서는 거의 생각하지 않았다. 오로지 부자가 되겠다는 생각에만 골몰해 있었다.

당시에는 이런 이유가 선뜻 입 밖으로 나오지 않았다. 돈을 버는 이유가 행복을 위해서라는 것을 몰랐기 때문이다. 궁극적인 삶의 목적이 돈이 아니라는 것을 나중에야 깨달았다.

사람들에게

"성공하고 싶으신가요?"

라고 묻는다면 대부분

"그렇다."

라고 대답할 것이다. 그렇다면

"왜 성공하고 싶은가?"

라고 묻는다면 뭐라고 대답할 것인가?

제대로 된 답변을 하기 위해서는 먼저 성공의 정확한 뜻부터 알아야 한다. '성공' 하면 무엇이 떠오르는가? 돈이 많은 사람? 출세한 사람? 유명인? 정말 많은 사람들이 오해하고 있는 단어 중의 하나가 바로 '성공'일 것이다. 대부분 본래 의미를 비약해서 많이 사용한다. 국어 사전을 보면, 성공의 정의는 '목적한 바를 이룸'이다. 또는 '스스로 목표로 한 일을 성취함'이라고 되어 있다. 즉 성공의 명확한 의미는 '목표달성'이다.

그런데 일반적으로 사람들은 목표로 돈을 벌거나 출세하는 것을 설정한 경우가 많기 때문에 성공과 돈, 성공과 출세를 같은 개념으로 점점 착각하게 된 것 같다. 하고 싶은 것, 갖고 싶은 것, 되고 싶은 것 모두 완벽하지는 않지만 목표가 될 수 있다. 그래서 모든 사람은 '목표'를 갖고 있다.

만일

"성공하고 싶으세요?"

라는 질문을 받았을 때

"전 성공에는 관심이 없어요. 그냥 이렇게 편하게 살래요."

−물론 이와 같은 답변은 '성공'의 뜻을 잘못 이해하고 있기 때문에 가능한 것이다−라고 대답을 하였을 때조차도 성공이 필요하다. 왜냐하면 '이렇게 편하게 산다'라는 목표를 갖고 있고 그 목표를 달성하는 것이 성공이기 때문이다. 그래서 역설적이게도 대답한 사람은 '편하게 산다'라는 목표를 달성하는 것, 즉 성공을 간절하게 바라고 있는 상황이다.

이해를 돕기 위해 간단히 설명하면 누구나 원하는 것이 있고 그것이 단지 물 한 컵에 불과할지라도 원하는 것을 이루는 것을 성공이라고 할 수 있다. 그렇다면 '왜 성공하고 싶은가?'라는 물음은 당신은 '왜 원하는 것을 가져야 하는가?'라는 질문과 같은 의미다.

사람들은 갓난아기일 때부터 원하는 것을 반드시 갖고자 했다. 아기들은 배고프거나 도움이 필요하면 운다. 원하는 것을 갖지 못한 삶은 괴롭기 때문이다.

그러면 원하는 것을 가지는 삶은?

'행복'하다.

단순한 이유다. 행복하기 위해서 원하는 것을 갖는 것이다. 행복하기 위해서 목표달성(성공)하는 것이다. 앞서 사례에서도 '그냥 편하게 산다'라는 목표가 달성되었을 때 행복할 수 있다. 사람의 모든 욕구와 행동기준은 행복을 얻기 위한 것으로 맞춰져 있다. 삶의 최종 목적이 '행복'인 것이다.

'왜' 성공하기를 원하는지, 부자가 되기를 원하는지 묻는다면 근본이유는 항상 '행복'이 된다. 돈이 없어 억울한 일을 당하고 돈이 없어 힘든 삶을 살고 있다면 목표는 당연히 돈을 많이 버는 것이 된다. 돈이 없어 겪는 불행이 싫기 때문이다. 사람은 항상 행복한 삶을 원하고 있다. 삶을 사는 이유가 행복하기 위해서고 태어난 이유가 행복하기 위해서기 때문에 성공(목표달성)해야 한다. 성공하지 못한 삶은 원하는 것을 갖지 못한 삶이다. 따라서 불행해진다. 누구든 원하는 것이 이루어지지 않는 삶을 행복하다고 말할 수 있을까?

행복은 모든 사람들이 본능적으로 원하고 있다. 행복은 조화롭고 균형을 이룬 성공으로부터 출발한다. 이것을 나는 진정한 성공이라 표현하고 싶다. 진정한 성공이란 경제적 자유를 누리며 건강하고 인간관계가 좋고 지역사회로부터 존경받음과 동시에 기여하며 자기계발과 여가를 즐길 수 있는 삶이다. 삶의 7가지 영역의 각 성취 어느 것 하나 빠질 수 없다. 반면 조화로운 성공을 만들지 못한 삶은 경제적 여유가 있을 수 있으나 사회로부터 지탄받거나 건강이 나쁠 수 있다. 건강할 수 있으나 관계가 좋지 못하고 경제적으로 궁핍할 수 있다. 7가지 영역 중 어느 한 영역 또는 그 이상의 영역에서 문제가 있다. 이와 같은 삶은 우리가 원하는 행복이 아닐 것이다. 우리는 삶의 각 영역의 조화와 균형을 이루는 진정한 '성공'을 통해 행복한 삶을 누리기 위해서 태어났다.

대통령이 연설에서 성공한 대통령이 되겠다고 국민에게 약속한 것을 본 적이 있다. 자신이 대통령으로서 이루고자 하는 목표를 각 영역에서 조화롭게 달성하였을 때 비로소 그는 성공한 대통령이 될 것이다. 대통령이라도 각 영역에서 조화롭게 목표를 달성하지 못하면 진정한 성공이라 할 수 없다.

모든 인류가 원하는 것을 얻기 위해 고군분투하고 있다. 원하는 것을 얻어 행복한 삶을 살고 싶은 것이다. 그리고 원하는 것을 얻는 것을 성공이라 한다. 성공을 해야 하는 이유가 바로 여기에 있다.

2) 왜 성공한 사람은 만날 수 없나?

많은 성공학 도서에서 아래와 같이 말하고 있다. '성공을 배우는 가장 쉬운 방법 중 하나는 성공한 사람을 만나는 것이다.' '부자가 되고 싶으면 부자를 만나서 배우면 된다.' 말은 참 쉽다. 하지만 대부분의 사람들은 이 말을 따르지 못하고 있다. 왜 그럴까? 이 사실을 몰라서 그런 것일까? 아니면 일부러 피하고 있는 것일까?

이유는 간단하다. 실행이 매우 어렵기 때문이다. 성공한 사람들을 만나기 싫어서 '안' 만나는 것이 아니라 '못' 만나는 것이다.

필자 역시 과거 위와 같은 글에 감명하여 성공한 사람을 만나보려 하였으나 여간 어려운 것이 아니었다. 여기서 말하는 '성공한' 사람들은 어지간해서는 시간을 절대 내주지 않았다. 아니 연락할 수 있는 접점조차 찾기 어려웠다. 현실은 책에서 말한 것과 달랐다. 성공한 이들에게는 돈보다 시간이 더 중요하고, 접근하는 사람이 많은 만큼 불필요한 사람을 걸러내는 시스템을 가지고 있다. 무엇 때문에 자신에게 아무런 도움이 되지 않는 풋내기와 만나려 하겠는가? 만나고자 하는 사람의 열정에 감동하고 사회에 기여하겠다는 마음이 있지 않고서는 언감생심(焉敢生心)이다. 그래서 책을 통해 그들의 이야기를 들여다보고 추론하여 혼자서 상상하는 수밖에 없다.

그러면 이러한 작금의 현실에서 어떻게 해야 그들에게 성공을 배울 수 있을까?

처음에 생각지도 못했던 곳에서 그 답을 찾게 되었다. 성공한 사람들의 노하우를 일반인들이 쉽게 이해하고 적용할 수 있도록 전문적으로 트레이닝 하고 있는 곳이 있다는 것을 알게 된 것이다.

나는 하루라도 빨리 그 트레이닝을 받고 싶었다. 그러나 우리나라에서는 접할 수가 없었다. 안타까웠지만 이 지구상에 존재한다는 것에 정말 감사하고 가슴이 뛰었다.

굳은 결심을 하고 성공학 트레이닝을 받게 되기까지의 과정은 뒤에서 자세히 언급되지만 교육을 직접 받아보니 성공한 사람들의 비법 체계적으로 습득할 수 있는 정교한 교육시스템을 갖추고 있었다. 이 교육시스템을 만든 잭 캔필드는 W.클레멘트 스톤의 제자이다. 그는 W.클레멘트 스톤의 성공노하우를 사사함은 물론 스승의 소개로 위대한 업적을 만든 거물들을 인터뷰하고 그들의 성공비결을 트레이닝으로 누구나 습득하여 실생활에 바로 적용할 수 있도록 만들었다.

특히 '체계화된 교육시스템'이라는 것은 성공원리를 피교육자의 눈높이에 맞춰서 완벽하게 습득할 수 있는 교수법을 갖고 있다는 것을 의미한다. 공부 잘하는 학생이 무조건 공부를 잘 가르치는 것은 아닌 것과 같다.

앞서 말했듯이 성공한 사람들을 만나기는커녕 연락하는 것조차 어렵다. 때문에 성공을 글로 배우는 경우가 많은 안타까운 현실을 개선하기 위해 우리나라에도 체계화된 성공교육시스템이 꼭 필요하다고 느껴졌다. 우리나라에는 성공교육 자체도 적지만 그나마 이루어지는 교육도 주먹구구식으로 진행되는 경우가 많다. 교육자가 성공교육을 제대로 할 수 있는 전문 트레이너가 아니기 때문이다. 자신의 분야에서 성공하는 것과 교육은 별개다. 지금까지 치열하게 교수법을 고민하고 원리를 일반인의 입장에서 짚어주는 트레이닝은 거의 없었다. 교육자의 성공스토리를 앞세우는 경우가 많았다. 일반인들이 무엇을, 어떻게 적용해야 하는지에 대한 교육이 이루어지지 않는 것이다. 듣고 돌아서면 다시 제자리로 돌아가는 이유가 여기에 있다. 자신의 분야에서 먼저 성공하고 방향을 바꿔 교육에 뛰어든 경우 사례들을 통해 검증이 되었는지 확인을 해야 한다. 교육자의 사례가 아닌 대중들의 사례를 말이다.

이와 같은 이유로 잭 캔필드의 성공학 교육 시스템은 더 주목을 받을 수밖에 없었다. 그는 다른 사람과는 달리 자신이 성공해서 성공트레이닝을 하는 것이 아니라 처음부터 트레이닝을 전문적으로 했기 때문이다. 잭 캔필드는 트레이너로서 제자들의 다양한 성공사례들을 배출하여 트레이닝의 효과를 입증한 전 세계에 몇 없는 사람 중에 한 명이다.

지금까지 100만 명이 넘는 사람들이 트레이닝에 효과에 대한 검증을 마쳤다. 올림픽 선수, 스포츠 스타, 영화와 TV 스타, 베스트셀러 작가, CEO, 가수, 정치 리더에 이르기까지 분야를 막론하고 트레이닝 성공사례가 전 세계에 넘치고 있다. 특별히 일반인들의 성공사례들만 모아 책 『Living the Success Principles』으로 발간되기도 하였다.

전문적인 트레이너에 의해서 교수되는 맞춤형 교육은 성공한 사람을 만나기 힘들고, 성공한 사람들에 의해 이루어지는 교육의 부족한 점을 모두 해결할 수 있다. 선진국들의 국력 강화의 원천은 인재를 양성하는 뛰어난 교육이었다. 안타깝게도 한국은 이러한 교육이 항상 부족했다. 그러나 이제는 검증된 트레이닝으로 보다 쉽게 그들의 비결을 가슴속으로 깊숙이 깨달으며 자신의 행복과 대한민국의 발전을 리드할 수 있는 기회를 가질 수 있게 되었다. 하늘이 내려준 축복과 같은 일을 하게 되어 진심으로 영광스럽다.

2부
왜 성공트레이닝인가?

1) 성공은 훈련, 머리가 아닌 몸으로 익힌다

　성공하지 못하는 사람들의 특징이 있다. 먼저 성공매뉴얼을 모른다는 것이다. 성공은 시스템화되어 있다. 규칙을 따라야 그 문이 열린다. 비밀번호를 올바르게 맞춰야 열리는 전자식 도어락 같은 개념이다. 많은 사람들이 마음대로 번호를 누르고 문이 열리지 않는다고 화를 낸다. 비밀번호를 알아내려고 노력하기보다 '~카더라' 소식통에 의존해 문을 열려고 한다. "○○○가 발로 뻥 찼더니 단번에 문이 열렸다!"라는 말에 휩쓸려 근본적인 해결책 없이 꼼수로 문을 열어 보려고 한다. 그러나 안타깝게도 시간, 돈, 에너지 낭비로 마무리 되는 경우가 많다.

　그런데 성공매뉴얼을 알고 있는 사람들 중에서도 실제로 도어락을 여는 사람은 소수다. 왜 그럴까? 비밀번호만 알면 바로 문을 열 수 있다고 사람들이 착각하고 있기 때문이다. 아는 것과 실천하는 것은 다르다. 비밀번호를 아는 것과 비밀번호를 누르는 것은 아는 것과 실천하는 것의 차이가 되는 것이다. 왜 알면서도 실행하지 못할까? 그 **까닭은 바로 '훈련'이 되어 있지 않기 때문이다.** 이 점이 매우 중요한 부분인데 간과하는 경우가 참 많다. 참 묘하게도 머리로 아는 것과 몸으로 아는 것이 다르다. 몸으로 체득하지 않으면 행동을 바꾸는 것이 불가능하다. 행동을 바꾸지 못하면 결과를 바꿀 수 없다.

자전거 탈 때를 생각해보자. 맨 처음 자전거를 타고 싶다는 생각이 든다 (목표설정 단계). 자전거를 타기 위해서는 페달을 밟고 균형을 잡아야 한다고 배운다(성공매뉴얼-목표달성법을 머리로 이해). 그 즉시 자전거를 탈 수 있다고 생각하고 올라타지만 넘어지고 만다. 그리고 나서 넘어지는 원인을 매뉴얼이 잘못되었거나 정확한 노하우를 알려주지 않았다고 비판한다.

수영할 때를 생각해보자. 수영을 멋지게 해야겠다는 목표를 설정한다. 물살을 가르기 위한 최적의 팔굽힘 각도와 호흡법을 배운 후 용감하게 물속으로 다이빙하였다. 그러나 물살을 가르기는커녕 물에 뜨는 것도 힘들다.

위의 두 사례의 공통점은 무엇일까? 모두 몸으로 익히는 훈련을 생략했다는 것이다. 글로 배우고 말로 배웠지만 실전에서 사용할 수 있도록 몸을 훈련하는 과정이 없었다. 만약 몸으로 완전히 습득하여 연습과정이 끝나면 어떻게 될까? 의식하지 않고서 자연스럽게 자전거 타기를 성공한다. 수영 역시 마찬가지이다. 마치 태어날 때부터 본능적으로 알고 있었다는 느낌마저 든다. 몸이 반응하는 대로 따라가기만 했는데 능숙하게 잘 해내고 있다. 언제 시도하든지 늘 성공한다.

과거에 비해 현재는 성공매뉴얼을 구하기 쉬워졌다. 그러나 여전히 무슨 특별한 비결이 있고 훈련 없이 그것만 알면 바로 성공으로 직결된다고 여기고 헤매는 사람들이 많다. 실제로 이런 마음을 교묘히 이용한 사기에 걸리거나 겉만 번지르르한 모습들에 속아 삶을 허비하는 경우도 많다.

성공매뉴얼을 머릿속에 넣는 것은 어렵지 않으나 내면화시켜 실생활에서 필요한 순간에 적용하는 것은 반드시 사전에 준비연습(Practice), 즉 훈련(Training)이 되어 있지 않으면 불가능하다. 이것이 바로 많은 사람들이 오늘도 내일도 똑같은 현실을 겪는 이유다.

필자가 LNG(액화천연가스) 수송선의 기관사로 근무하고 있을 때의 일이다. 근무기간이 3년 가까이 되어가고 있었다. 자신감이 점점 차오르는 시기였다. 싱가포르 협수로 통과를 위해 기관실에서 당직근무를 하고 있었을 때였다. 갑자기 중요 기계들이 알 수 없는 이유로 작동이 멈추는 현상(Trip)이 발생하였다. 공교롭게도 새롭게 교대하기 위해 승선한 지 얼마 되지 않아 계기판과 버튼들이 익숙하지 않았다. 갑작스런 상황에 침착하게 대응하려고 했지만 뜻대로 되지 않았고, 비상 대응 매뉴얼대로 조치하려 하였지만 해당 버튼은 찾지 못해 조치가 어려웠다. 싱가폴 협수로는 매우 좁은 해역임에도 불구하고 중동을 가기 위한 빠른 뱃길이 이곳 하나밖에 없기 때문에 많은 선박들로 상당히 혼잡했다. 만일 당직 기관사가 적절히 대처하지 못해 선박이 동력을 잃게 된다면 선박끼리 충돌하거나 육상에 좌초되는 대형사고가 발생할 수 있었다. 나는 알람 소리와 쉴 새 없이 작동하는 빨간색 경고램프 때문에 점점 다급해지고 있었고 초초한 마음에 대응 매뉴얼조차 생각나지 않았다. 결국 나는 시간만 보내다가 다른 기관사의 도움으로 간신히 위기를 모면할 수 있었다.

만약 충분한 훈련이 미리 되어 있었다면 지체 없이 적절한 조치를 취했을 것이다. 선박에서는 긴급하게 대응해야 하는 상황이 심심치 않게 발생한다. 그러한 상황에서는 지혜롭게 해결책을 모색할 겨를이 없다. 즉시 조치를 취해야 한다. 예상하지 못한 상황일수록 몸으로 철저하게 훈련된 것들만 밖으로 드러난다. 생각으로 움직이는 것이 아니다. 몸이 먼저 자동반사적으로 움직여야 짧은 시간에 대처할 수 있다. 이렇게 움직이지 못한 다면 되돌릴 수 없는 인명피해와 엄청난 재산손실이 발생한다. 상선 1척을 기준으로 한다면 선가(배 가격)만 5,000억 원에 화물 손실과 화주와 신뢰문 제까지 더하면 조 단위 손해가 발생한다. 사람의 목숨은 돈으로 환산할 수 없음은 물론이다. 최근 몇 년간 선박사고로 우리나라에서 매우 안타까운 인명사고가 여럿 발생했다. 다른 조건들을 차치하더라도 선원들만 제대로 훈련되어 있었어도 인명과 재산 손실을 조금이라도 줄일 수 있었다.

선박뿐 아니라 모든 실전상황에서도 마찬가지다. 우리의 일상생활도 실전상황의 일부다. '그때 왜 그런 말을 하지 못했을까? 그때 왜 그 행동을 하지 못했을까?' 하고 안타까워한 적은 없는가? 그 이후에 철저히 연습하고 마음속에 준비하고 있다가 비슷한 상황에서 시의적절하게 대응한 적이 한두 번씩은 있을 것이다. 하다못해 수학공부도 강의만 듣고 문제풀이 연습을 한 번도 하지 않는다면 결코 우수한 시험성적을 받을 수 없다.

미리 훈련되어 있지 않으면 기회를 그대로 흘려보내게 된다. 면접을 앞두고 있거나 사업상 미팅 또는 큰 일이 있을 때 여유롭게 자신이 알고 있는 매뉴얼을 잘 적용할 수 있다고 생각하면 오산이다. 중요한 순간일수록 오히려 시간적 여유는 주어지지 않는다. 아무런 생각도 할 수 없다. 즉시 행동을 해야 한다. 행동은 몸에 철저히 프로그래밍(훈련)되어 있는 방식에 따르게 된다. 평소 습관을 그대로 따른다. 성공매뉴얼을 얼마나 잘 알고 있는지 여부는 관계없다. 오로지 몸이 알고 있는 대로 행동하게 될 뿐이다. 성공매뉴얼을 알고 있음에도 삶이 바뀌지 않는 결정적인 이유가 바로 여기에 있다. 바뀌지 않는 삶의 원인을 성공매뉴얼의 잘못으로 돌리는 태도도 여기에 있는 것이다. 이것을 알지 못하면 마치 천천히 끓는 물 안에서 자신이 죽어가는지 모르는 개구리와 같은 삶을 살게 된다. 왜 자신의 삶이 변화되지 못하고 다람쥐 쳇바퀴처럼 제자리인지조차도 깨닫지 못한다.

  해결책은 딱 한 가지다. 이제부터라도 강한 훈련으로 성공법칙들을 몸으로 직접 익히는 것이다. 머리로만 알았던 성공법칙들을 그때그때 상황에 맞춰 자신감 있게 하나씩 삶에 적용할 수 있도록 만드는 것이다. 지식으로만 알고 있는 대응 매뉴얼은 필요 없다. 알고 있는 것을 현실에 적용할 수 있을 때만 발전할 수 있다. 세상은 내가 알고 있는 것에는 반응하지 않는다. 오직 내 행동에 대답할 뿐이다. 머뭇거리지 않고, 당황하지 않고 적재적소에 훈련된 행동을 적용할 수 있을 때, 성공매뉴얼은 우리를 완전히 다른 삶의 단계로 퀀텀점프(Quantum Jump)시켜줄 것이다.

2) 진정한 성공

 앞서 성공의 사전적 정의에 대해서 언급했었다. 사람들은 성공을 흔히 돈을 많이 갖거나 출세하는 것으로 오해하고 하고 있는 것도 언급했었다. 그렇다면 진정한 성공의 의미는 무엇일까. 단편적인 부분만 보고 판단하는 사람들에게는 부자이거나 고위직에 있는 사람을 볼 때 삶의 다른 영역을 보지 않고 쉽게 성공한 삶이라고 평가할 것이다. 대부분의 사람들이 그렇게 생각할 것이다. 트레이닝을 받기 전까지 나도 마찬가지였으니 말이다. 하지만 인간관계에 문제가 있다면 어떨까? 자유시간과 여가를 보낼 수 없다면 어떨까? 건강에 문제가 있다면 어떨까?

 성공트레이닝이라는 것을 받으면서, 성공이라는 것을 삶의 7가지 영역으로 세분화해서 다뤄야 한다는 것을 알게 되었다. 삶의 7가지 영역이라는 것은 다음과 같이 성공의 분야를 구체적으로 정의하는 것을 말한다.

Financial 재정, 물질
Business 직업, 커리어
Relationships 인간관계
Health & Fitness 건강
Fun Time & Recreation 여가, 자유시간
Personal 개인성장
Contribution & Community 기여, 지역사회관계

　이들 중에서 한 가지 영역이라도 크게 부족하다면 진정으로 성공한 삶이라 할 수 없다. 사회적 지위가 높아도 돈이 많아도 사회적 지탄의 대상이 되거나 건강에 문제가 있거나 인간관계에 있어 심각한 불균형을 갖고 있다고 한다면 과연 성공한 삶을 살고 있다고 할 수 있을까?

　'고위직에 있으나 국민들에게 비판당하고 있다면 성공한 삶인가?'라고 물어보면 대부분 선뜻 대답하지 못한다. 대답을 망설인다는 것은 은연중에 진정한 성공의 개념에 대해서 알고 있다는 것이다.

　조금만 더 주의를 기울여보면 진정한 성공은 삶의 각 영역의 조화와 균형을 의미한다는 것을 쉽게 알 수 있다. 과거에는 지금까지는 무작정 단편적인 의미의 성공만을 추구하는 경우가 대부분이었다. 돈을 많이 벌고 고위직으로 출세하는 것이 성공의 전부라고 착각했다. 그 결과 삶의 다른 영역에서 문제가 발생하고 심각한 불균형을 불러올 뿐이다. 가정이 파탄을 맞거나 건강이 악화될 수 있다는 것이다.

  사람의 신체도 이와 비슷하다. 몸속에서 어느 한 부분 중요하지 않은 장기는 없다. 만약 어떤 장기에 문제가 생겨서 제 역할을 못 하게 되었다면, 이 장기가 담당하는 몸의 기능이 점점 저하된다. 이 때문에 다른 장기에도 이상이 생긴다. 신체를 구성하는 장기들은 유기적으로 연관되어 있기 때문이다. 여러 합병증이 동시에 발생하고 점점 건강이 악화되어 간다. 결국 장기 하나의 문제가 몸 전체의 건강을 파괴하게 된다. 삶도 마찬가지다. 한 가지 영역에서의 심각한 실패는 삶 전체를 망가뜨릴 수 있다. 그래서 어느 한쪽 영역의 성공을 위해서 다른 영역이 극단적으로 희생되는 것을 주의해야 한다.

  그렇다면 삶의 각 영역에서 조화와 균형을 갖춘 '진정한 성공'을 하려면 어떻게 해야 할까?

  성공트레이닝은 이때 빛을 발한다.

  먼저 삶은 특정 영역만의 충족이 전부가 아니라는 것을 인식시킨다. 위에서 보는 것과 같이 7가지 영역을 명확히 한다. 그다음 각 영역별로 모두 모호하지 않은 구체적인 목표를 설정한다. 목표가 없는 영역은 되는 대로 아무렇게나 흘러간다. 도착지점에 대한 명확한 좌표가 없다는 것은 곧 실패한 영역이 되기 마련이다. 그리고 한 영역의 성공을 위해 다른 영역의 맹목적인 희생이 없도록 언제나 다른 삶의 영역을 인지한다. 각 영역별 목표에 석세스프린서플을 균등하게 적용한다. 이렇게 하여 삶의 각 영역에서 성공을 거둔다. 이것을 '진정한 성공'이라고 할 수 있다.

  몸의 장기들이 모두 건강해야 진정으로 건강한 몸이라고 할 수 있듯이 7가지 영역에서 자신의 목표들을 고르게 달성할 수 있어야 진정한 성공이라고 할 수 있다.

3) 우리에게는 도깨비 방망이가 있다

북유럽 신화를 보면 토르라는 천둥의 신이 등장한다. 토르에게는 자신의 분신과 같은 묠니르라는 망치가 있다. 묠니르를 갖고 있을 때와 그렇지 않을 때의 힘의 차이는 엄청나다. 그런데 이 묠니르와 비슷한 것이 우리 한국 신화에도 존재한다. 그것은 바로 도깨비방망이다. 도깨비방망이를 활용하여 탁월한 능력을 보여준다는 점이 매우 비슷하다.

석세스프린서플은 전 세계에서 묠니르와 같은 역할을 하였다. 석세스프린서플을 적용한 사람들이 하나 같이 놀라운 사례를 만들었다. 이를 검증한 사람들의 숫자만 100만 명이 넘는다. 그렇다면 도깨비방망이라는 비슷한 신화를 갖고 있는 한국도 그대로 적용될 수 있다는 생각을 해 볼 수 있지 않을까? 사실 내가 성공학 트레이닝을 사업을 과감하게 시작하게 된 것도 이러한 단순한 생각에서부터 시작되었다. 그리고 퇴사를 하며 창업하여 교육생을 배출하게 되면서 내가 원하든 그렇지 않든 이제 무조건 이 가정을 검증하게 되었다. 이미 주사위는 던져진 것이다. 결과는 어떻게 나타났을까? 지난 4년간 직접 겪은 사례들 몇 가지를 적어 보면 아래와 같다.

석프 베이직 7기 성공학도님(성공학을 전공하고 실천한다는 의미) 중 한 분은 사모님의 소개로 교육에 등록하셨다. 사업에 좋은 영향을 받을 것이라는 사모님의 강력한 추천으로 얼떨결에 참석하셨던 기억이 난다. 현재 제조업을 하고 계시는데 상황이 좋지 않아 걱정이셨다. 그래서 교육이라도 듣게 되면 혹시 잘 풀릴 수 있을까 하는 작은 기대에서 참여하게 되셨다고 말씀해주셨다. 우리가 다루고 있는 것은 법칙이기 때문에 누구이든지 상관없이 적용하면 그대로 결과가 나타난다는 말과 함께 저도 한마음 한뜻이 되어 같이 잘 해볼 테니 걱정 놓으시라고 말씀드렸다. 60대라는 적지 않은 나이이셨지만 하루에 8시간씩 진행된 교육을 지친 기색 없이 적극적으로 참여하셨다. 그렇지만 아무래도 처음 접하시는 교육이다 보니 중간에 따라가기 어려우실 때가 있으셨는데 그럴 때는 항상 그날 교육이 끝난 후 남으셔서 책의 밑줄 친 위치까지 하나하나 되물어보셨다. 그리고 다음 교육 때까지 무엇을 하면 좋을지 쉽게 차근히 다시 알려 달라고 하셨다. 필자 역시 이러한 열정에 보답하고자 최선을 다해 알려드렸다.

  이윽고 수료식 날, 내게 "삶에서 잊고 있던 중요한 것들을 깨우쳐 주었던 잊지 못할 교육"이라는 말씀과 열정적인 교육으로 함께한 것에 고마움을 전해주셨다. 특별히 기억에 남는 분이시라 이후 어떻게 지내시는지 항상 궁금했었는데 6개월쯤 지났을 때 소식을 알려주셨다. 사업에서도, 가정에서도 일들이 잘 되고 있으며 특히 매출이 점점 늘고 있다고 알려주셨다. 그리고 앞으로 더 좋은 소식이 생기지 않겠냐는 암시형 말씀과 함께 전화를 종료하셨다. 솔직히 매출이 정확히 얼마가 늘었는지 그동안 변화가 무엇인지 구체적으로 묻고 싶은 마음이 굴뚝 같았지만 성공학도님께 재촉해 오히려 역효과가 날까 참았다.

다시 6개월이 지났다. 그사이 나는 새로운 사무실로 이전하고 성공학도님들을 초대하여 오픈식 행사를 진행하였다. 이때 인터뷰를 하면서 나 또한 그간의 과정을 처음 듣게 되었다. 몇 개월 사이에 계약들이 순조롭게 이루어져 이렇게 많이 주문을 받으신 것이 처음이라고 하시면서 밝히신 매출금액은 '35억 원'이었다. 교육생들의 성공을 본인 다음으로 가장 원하고 있는 나조차 이 말을 듣고 순간 귀를 의심했다. 더 놀라운 것은 이 액수가 1년이 아니라 최근 수개월 만의 매출이라는 것이다.

아, 정말 법칙이 통하는 구나, 라는 생각이 들었다. 그리고 오히려 법칙이기 때문에 너무 영리하게 접근하면서 실천은 게으르게 하는 것보다 처음에는 잘 몰라도 단순–무식–지속(소위 단무지)하면 이렇게 성과를 만들어 낸다는 것을 다시 한번 확인하게 되었다.

해당 인터뷰 영상 : https://youtu.be/yCYaa0xohAM

석프 베이직 17기 성공학도님 중 한 분은 영업을 실적을 좀 더 높이기를 원하시며 찾아오셨다. 일반적으로 인식하는 '성공'이란 돈을 많이 버는 것에 국한되어 있지만, 앞서 설명했듯이 삶의 영역이 7가지 나눠지기에 각 영역에서의 원하는 바를 이루는 것 역시 성공학에서 추구하는 방향이다. 이것을 말하는 이유는 재정이 아닌 다른 영역에서의 목표달성도 성공하고, 실제로 이와 같은 일이 많이 일어나기 때문이다. 김○○ 성공학도님의 경우도 마찬가지로 재정영역에서의 성과를 원하고 찾아오셨고 성공이 있었지만 정작 본인도 놀라셨던 것은 예상하지 못했던 건강영역에서 변화이다. 어깨통증으로 인해 지난 몇 년간 병원과 한의원을 다니셨고 거의 매주 마취를 하고 시술을 받으시면서도 계속 고통에 시달리고 계셨다. 음식을 써는 칼질조차 제대로 할 수 없어 요리도 남편에게 부탁했었고, 교육에 참여하실 때는 워크북 교재를 들고 오시는 것조차 힘들어하셨다. 하지만 교육 후 지난 2년간 나을 기미를 보이지 않았던 통증이 4단계 명상과 EFT를 통해 거의 완치되었다는 기쁨과 함께 성공사례를 전해주셨다.

해당 사례 글 : https://cafe.naver.com/ohsuccessday/3455

이밖에 거울실습을 통해 발과 다리의 피부병이 나은 사례, 트라우마를 치료한 사례, 확언을 통해 사업 빚을 상환하고 월 3,000만 원의 순수익을 창출하는 사례 등 시간이 갈수록 나조차도 예상하지 못했던 사례들이 줄줄이 쏟아지고 있다.

해당 사례 글 : https://cafe.naver.com/ohsuccessday/2874
https://cafe.naver.com/ohsuccessday/2679

늘 그렇듯이 이분들도 최악의 상황에서 찾아오셨다. 병원에는 아픈 사람들이 주로 찾고 차량정비소는 수리가 필요한 차들이 찾는 것처럼 성공학 교육 역시 어려움을 겪는 사람들이 찾는다. 여유 있고 행복한 사람들이 찾는 곳이 아니다. 그래서 오히려 법칙을 적용하고 효과를 검증하기 더 좋은 조건이 마련되었다. 그리고 그 결과 한국에서도, 어려운 상황에서도 통한다는 것을 이분들과 함께 앞서 아주 찐~하게 법칙을 다시 검증했다. 적용하면 작동하는 것이 법칙이다. 독자 여러분들도 충분히 할 수 있다. 누구나 법칙을 적용하면 성공한다는 것도 법칙이다. 독자분들도 틈틈이 법칙을 적용하여 성공사례 소식을 들려주시기를 간절히 응원한다.

3부
왜 성공트레이너가 되었나?

1) 위기의 끝에서 성공법칙을 깨닫다

 필자는 부자가 되고자 하는 열망이 강했다. 그래서 직장생활을 하면서 모은 종잣돈으로 틈틈이 재테크를 하고 있었다. 주식, 부동산 등의 재테크에 몰입해 있던 나에게 인생의 전환점을 만들어준 사건이 발생하게 된다. 이 사건은 나같이 평범했던 사람도 성공법칙을 활용하면 성공한 사람들과 같은 결과를 만들어낼 수 있다는 것을 확인시켜 주었다. 그리고 내가 성공학 트레이너로서의 길을 걷게 된 결정정인 계기가 되었다.

 2014년 가을 거제도에 위치한 종합사회복지관에서 '부동산재테크'라는 강좌를 수강하였다. 당시 강사는 자신이 진행하고 있는 전원주택신축분양사업에 투자하라고 권하였다. 나는 평소 투자, 재테크 멘토가 있었으면 하는 바람이 있었고 강사를 통해 투자를 진행하면 이분이 나에게 많이 가르쳐 주지 않을까 하는 생각을 했었다. 그리고 강사는 이름을 대면 누구나 아는 전국 단위의 봉사단체의 지역회장까지 맡고 있었다. 이렇게 대외적인 활동까지 하고 있는 사람이었기에 나는 별다른 의심 없이 그동안 모았던 종잣돈 5,000만 원을 덜컥 맡겼다.

 그런데 '아뿔싸', 투자를 빙자한 사기였다. 자신이 진행한다고 했던 사업은 거짓이었다. 뒤늦게 시청을 통해 확인해보니 그 강사가 소유하고 있는 땅이나 건물은 아무것도 없었다. 검찰을 통해 나중에서야 투자금이 그 강사의 개인 사채 빚을 갚고 사적으로 유용(流用)되었다는 사실을 알게 되었다. 더 화났던 일은 일반적으로 사기꾼들은 사기를 치면 도주하는 것이 정상이지만 그 강사는 수많은 사람들에게 피해를 입히고서 버젓이 강사 일과 부동산 영업을 하고 있었다는 것이다. 뿐만 아니라 봉사단체회장으로 각종 행사와 언론 전면에 나서면서 보란 듯이 떳떳하게 생활하고 있었다. 그 덕분에 나에게 먼저 그 강사에게 투자하는 것이 어떻겠냐고 권유했던 아내는 우울증에 걸리기 직전이었고, 필자 역시 그 강사가 설치는 것을 볼 때마다 속이 매우 쓰렸다. 도대체 이 난관을 어떻게 극복해야 하는지에 대해서 방법을 찾기 위해서 변호사, 법무사를 만나고 채권추심업체 종사자분도 만났다. 심지어 사기꾼을 처벌해야 한다는 시민들의 서명까지도 받아 법정에 제출했다. 이를 본 재판장님도 피의자(사기범)에게 빠른 시일 내에 변제하라고 압박하며 시간적 여유를 주기 위해 6개월 가까이나 판결선고기일을 연기했지만 사태는 해결되지 않고 있었다. 다음 기일까지 변제하겠다고 말하고 지키지 않는 피의자의 반복되는 거짓말에 재판장님도 화가 나셨는지 결국 판결선고기일에 집행유예 없이 8개월 실형을 바로 선고하셨다.

피의자가 형을 피하기 위해 판결이 내려지기 전에 합의(변제)를 하는 것이 일반적이다. 그러나 이 경우는 변제하려는 어떤 시도도 없었고 나를 비롯한 여러 사람에게 사기를 쳐서 피해액이 많으니 합의보다는 징역형을 선택하여 돈을 돌려받는 것은 어려울 것이라는 것이 주변 지인들의 의견이었다. 나 역시도 지인들 의견에 동의했다. 논리적으로는….

재미있게도 이제 변제받을 기회조차 날아가버렸으니 더 깊은 좌절과 분노에 빠져야 되지만(이것도 역시 논리적으로…), 이상하게도 오히려 마음이 점점 더 편안해졌다. 마치 '이제 다 끝났다'라고 할 때 그것이 좋든 나쁘든 관계없이 마음이 편해지는 그 상태와 매우 비슷했다. 물론 피의자가 수감 중에 반성은커녕 2심 항소를 하고 나에 미안하다는 말 한마디는 없으면서 생면부지 2심 판사님께 매일 반성문을 제출하는 것을 보고 다시 분노가 올라온 적도 있었지만 이내 전반적으로 차분한 마음상태가 이어졌다.

그리고 남아 있는 미련들은 확언(Affirmation)으로 승화시켰다. 확언의 경우도 이 사건과 관련 것이 아닌 브레이크스루 골(Breakthrough Goal) 확언을 중심으로 다른 확언들을 활용했다. 그 사건을 해결한답시고 어설프게 계속 언급하게 되면 의식 속에서 자꾸 들춰내어 강화하는 역할밖에 하지 않기 때문이다. 그래서 당시에 그 일에 대한 느낌을 완전히 순화시킬 자신이 없다면 다른 목표에 집중하는 것이 훨씬 도움이 될 것이라 판단했다. 그리고 이제는 잠재의식을 제대로 활용해볼 차례라는 영감이 들어 기존에 출간된 책들부터 다시 독파하기 시작했다.

일주일 정도 지났을 때 한 통의 전화가 왔다. 피의자의 친척인데 변제할 테니 합의와 탄원서를 써 달라고 했다. 실제 그는 피의자가 운영했던 단체 회원들이었고, 변제된 금액이 전액은 아니었지만 아무렴 좋았다. 일이 해결되고 성공했다고 여겼기 때문이다. 몸으로 직접 뛰면서 실천했던 성공법칙은 '행동하라(Take Action)', '부탁하라(Ask, Ask, Ask)'였고, 의식의 힘을 전적으로 빌렸던 성공법칙은 확언이었다. 그리고 지금 개정판을 쓰며 차근히 돌아보니 위와 같이 세팅된 작업들이 최종적으로 힘을 발휘할 수 있었던 것은 놓아버림(Releasing : The Sedona Method)이었다고 생각하게 되었다. 당시에는 놓아버림을 배우기 전이었기 때문에 성공요소로 작동했다는 것을 인식하지 못했다. 집중하는 것과 풀어주는 것이 조화를 이뤄야 하는데 자칫 집중하는 것에만 빠져 해결이 어려웠을 뻔했지만 평온한 마음으로 놓아버림을 실천하게 되어 다른 노력들도 빛을 발하게 되었다고 확신한다. 잭 선생님이 프로세싱 스킬(Processing Skills : 성공법칙을 적용할 때 겪는 어려움-장애물-을 극복하기 위한 기술) 중 하나로 놓아버림을 말씀해주셨던 이유를 다시 한번 확인할 수 있었다.

이 일은 나에게 성공법칙을 보다 심도 있게 알고 생활에 적용하고 싶도록 만들었다. 그리고 코스를 등록할 수 있는 총알도 두둑하게 만들게 되어 잭 캔필드 선생님의 '석세스프린서플'을 찾아보게 된 발단이 되었다.

2) 한국 최초 잭 캔필드 성공학 트레이너가 되다

위기를 극복한 사건을 계기로 성공학 대가들의 가르침을 찾는 여정을 적극적으로 시작하게 되었다. 위대한 구루(스승)들의 교육프로그램이 전 세계에서 어떤 역할을 하고 있으며 배출된 제자들이 세계 속에서 어떤 위치와 활동을 하고 있는지 이때 자세히 알게 되었다.

영화 〈시크릿〉에서 가장 인상 깊었던 장면의 주인공이 '잭 캔필드(Jack Canfield)'였는데, 그의 발자취부터 트레이닝 커리큘럼, 사례들이 세계역사에 미치는 영향을 상세히 살펴봤다.

그는 지금 '캔필드 트레이닝 그룹', '영혼을 위한 닭고기 수프 재단' 등을 설립하여 세계 최고의 성공학 트레이너로서 전 세계인들을 대상으로 교육하고 있었다. 유명 정치인, 연예인, 올림픽 선수들과 대기업 임원들이 그의 고객이었고 오프라 윈프리 토크쇼, 래리킹 라이브 등을 비롯한 각종 매체를 넘나들며 그 성과를 증명하고 있었다. 그의 '석세스프린서플'은 검증된 성공법칙으로 구성되어 굉장히 많은 교육 성공사례를 배출한 현세기 최고의 성공학 교육프로그램으로 평가받고 있었다. 그런 그의 홈페이지에서 석세스프린서플 트레이너 자격과정을 발견하였다. 무섭게 끌리기 시작했다. 바로 영화 〈시크릿〉의 주인공에게 그가 사용했던 비법들을 전수받는 것이기 때문이다! 잭 캔필드 같은 전설적인 인물에게, 성공학 전문가에게 인증(Certification)을 받을 수 있는 과정이 있다고 하니 무척 설레기 시작했다. 나는 구루들의 프로그램 단순히 교육만 받는 것을 떠나서 인증과 동시에 교육할 수 있고 과정을 찾고 있었는데 이렇게 훌륭한 프로그램을 교육할 수 있는 정식 인증과정이 있다고 하니 꼭 참여하겠다고 결심했다.

그런데 마음의 장벽으로 다가온 것은 바로 언어와 비용이었다. 비용보다는 언어가 더 걱정이었지만 조선소에서 외국인 선주를 응대하면서 만들어진 영어로 어떻게든 되지 않겠냐는 마음에 눈 딱 감고 도전하였다. 역사라는 것은 앞길이 보장된 상태에서 이루어 지는 것이 아니라 단지 그냥 시도해보는 것(석세스프린서플 No.14 Just Lean Into It)에서 이루어지는 것이니 말이다. 그리고 적지 않은 등록비지만 스스로 감당할 수 있었던 것에 오히려 정말 감사했다. 사람들에게 행복을 줄 수 있는 트레이너가 될 수 있다니! 마치 콘서트처럼 사람들 앞에서 즐겁고 신나게 트레이닝을 주관하는 모습을 상상하니 가슴이 벅차올랐다.

사실 우리나라에서는 트레이닝의 개념에 대해 오해를 하고 있는 것 같아 잠시 짚고 넘어가려고 한다. '트레이닝'이라는 단어를 보면 헬스트레이닝을 가장 먼저 떠올린다. 그리고 교육이라고 하면 강의실에서 지식을 외우는 것으로 생각한다. 그래서 트레이닝이라는 용어를 마인드셋(Mindset)변화, 행동변화 그리고 결과 도출을 위해 몸으로 익히는 교육의 한 가지로 보는 외국과 다르게 주입식 교육에 익숙한 우리나라에서는 낯설게 느껴질 수도 있다. 미국에서 자주 열리는 성공학 트레이닝은 딱딱한 좌식 강좌가 아니다. 처음부터 끝까지 함성이 그치지 않는 감동과 흥분의 도가니다. 춤추며

때로는 울기도 한다. 열정적인 분위기로 진행이 된다. 흡사 가수들의 콘서트처럼 진행된다. 잭 캔필드(Jack Canfield), 앤서니 라빈스(Anthony Robbins), 브렌든 버처드(Brendon Burchard)와 같은 세계적인 성공학 전문가들의 트레이닝 영상을 찾아보기 바란다.

잘 모르는 분들은 석세스프린서플 트레이닝에 참석하실 때 노트와 펜을 앞에 두고 받아 적으려고 한다. 학생처럼 공부하듯이 임하려고 한다. 지금까지 강의와 공부만 접했을 테니 이해가 된다. 트레이닝은 수업처럼 정신 없이 머릿속에 지식을 넣고 시험을 보고 돌아서면 잊어버리는 강의가 아니다. 인생의 성공은 열심히 공부해서 지식을 테스트하는 시험점수로 만드는 것이 아니기 때문이다. 분명 이 사실을 누구나 잘 알고 있지만 지금껏 트레이닝을 받아본 적이 없기에 공부하듯이 임하려고 한다. 성공은 지식과 시험으로 만드는 것이 아닌 것을 알고 있으면서도 말이다.

트레이닝이라는 것은 머리가 아닌 몸으로 습득하고 몸이 아닌 마음의 울림으로 내면화하는 것이다. 이와 같은 성공학 교육을 한국에서도 1만 명의 사람들과 함께 역동적으로 진행할 수 있는 기반을 마련한다고 생각하니 벌써부터 기뻤다. 삶의 목적은 기쁨에서 찾을 수 있다. 트레이닝을 받기 전이었지만 이미 삶의 목적을 찾은 것 같은 기분이 되었다. 행복을 만들 수 있는 일이 기다리고 있고 그 일을 충분히 할 수 있다고 느끼자 더 이상 기다릴 수 없었다. 수많은 성공학도들의 삶의 전환점을 만들어줄 수 있는 엄청난 투자라는 확신이 생겨나고 있었다. 그리고 지금 교육 후기사례들로 내 신념이 옳았음을 증명되고 있다. 위대한 결과를 이끌어낸 용감한 도전이었다는 것을!

트레이너 자격 취득 과정은 쉽지는 않았지만 재미있었다. 제공된 오디오 파일과 동영상은 알아들을 때까지 계속 돌려 봤고 별도로 제공되는 워크북을 꼼꼼히 살펴보니 잭 캔필드가 강조했었던 트랜스포메이셔널(Transformational) 트레이닝을 이해하는 데 도움이 많이 되었다. 트랜스포메이셔널 트레이닝은 성공법칙 몸으로 체득하고 입에서 '아하'라는 단어를 연발하게 만드는 트레이닝 방식이다. 물론 문화가 다르기 때문에 쉽게 받아들이기 어려운 항목도 있었다. 그럴 때는 문화적 배경에 대한 조사부터 하였다. 예습을 하고 나니 실제 미국 트레이닝 현장에서 이루어지는 체험과 실습과정도 큰 무리 없이 체득할 수 있게 되었다. 마침내 전체 이해도를 평가하는 테스트와 에세이가 통과되고 한국인 최초로 잭 캔필드 인증 석세스프린서플 트레이너가 되었다! 석세스프린서플 트레이너는 지금까지 전 세계 81개국에서 배출되었고 이제 한국도 당당히 그들 국가 중 하나가 되었다.

새로운 인생이 시작되었음을 알리는 첫 신호탄이 발사된 것이다. 만약 영어에 대한 두려움과 등록비 문제로 포기하였다면 지금 한국 최초의 성공학 전문교육기업도, 성공학 트레이너도 없었을 것이다. 위기에 빠졌던 상황이 발단이 되어 하나둘씩 겪었던 일련의 과정들이 결국은 새로운 인생을 시작할 수 있는 시발점이 되었다. 이제 드디어 한국에도 번역된 책으로만 접하는 것이 아니라 정식으로 한국 문화에 맞게 트레이닝 받을 수 있는 물꼬를 트게 된 것이다!

3) 영감의 흐름을 타다

　성공학 트레이너로서 본격적인 활동을 위해 다니던 회사를 퇴사하고 성공학을 전문적으로 교육하는 ㈜오석세스데이를 설립했다. 그리고 이제 세상에 이러한 교육 프로그램이 존재한다는 것을 알리는 일만 남았다. 대학시절부터 창업(사업)에 관심이 많았기에 마케팅에도 관심을 갖고 있었지만 기존의 안전지대를 과감히 벗어난 지금은 야생에서의 실전이었다.

　일단 성공법칙 중 협업(Success is TeamSports)과 부탁하기(Ask)를 실천하였다. 사업영역이 비슷한 점이 있고 서로의 사업에 도움이 되리라 판단했던 사람들에게 연락을 취하고 함께 서로 도우면 좋겠다고 계속 부탁했으나 모두 거절당했다. 그들에게는 이제 막 일하기 시작한 애송이와 손을 잡아봐야 도움이 될 것이 없다는 태도가 물씬 묻어 나왔다. 사실 사업을 시작하기 전부터 한 곳 정도는 같이 도움을 주고받을 수 있을 거라고 예상했지만 처음부터 예상은 빗나갔다. 실망할 필요는 없었다. 거절은 늘 있게 마련이고 이것을 당연하게 넘기는 것도 성공법칙 중 하나이기 때문이다. 마케팅 강의를 수강하고 책도 보면서 공부하기 시작했다. 당초 예상보다 마케팅에 많은 시간과 자금을 투자해야 하는 상황이 된 것 같아 걱정스러운 마음이 들기 시작했다. 첫 시도로 최근 많은 사람들이 이용한다는 인스타그램(Instagram)을 활용해보았다. 그러나 시각적 효과를 중시하는 인스타그램 특성상 교육이라는 무형의 서비스를 알릴 수 있는 방법을 찾기가 어려웠다.

그러다 문득 라이브방송을 시작해보면 어떨까 하는 영감이 떠올랐다. 동영상을 활용하는 방법에 마음이 점점 끌리기 시작했다. 페이스북을 통해 라이브방송을 진행하고 유튜브에 업로드하면 좋겠다는 영감이 떠오른 것이다. 라이브방송을 통해 정말 재미있게 사람들과 소통하는 모습이 떠올랐다. 이번에도 역시 일단 시작해보기로 했다. 뒤에서 자세히 설명하겠지만 불현듯 아이디어가 떠오른다는 것은 잠재의식이 우리에게 주는 신호다. 목표달성 과정 중에 발생하는 의식작동 중 하나인 것이다.

첫 방송을 녹화방송도 아닌 생방송으로 바로 시작했다. 오히려 녹화방송이었으면 자꾸 다시 촬영하려고 하여 시작도 못 했을 것 같다. 방송 시작 하루 전 저녁 9시에 시작한다고 카페에 공지를 하고 다음 날 저녁 무작정 스마트폰으로 방송을 송출했다. 사실 무엇을 사고 설치해야 되는지도 몰라서 별도의 장비도 구입하지 않았다. 보장된 것은 없지만 '그저 시작하라'는 법칙(Just Lean Into It)에 따라서 잘 되리라는 결과만 알고 시작했다. 우리가 할 것은 오직 무엇을 할지, 무엇을 얻을지 목표(What)를 정하는 것이다. 그러면 내면의 가이드(Inner GPS System)가 길을 알려준다.

트레이닝을 시작한 배경부터 차근차근 설명해 나가기 시작했다. 방송에 참여하는 사람이 있든지 없든지 개의치 않고 계속 이어나갔다. 방송이 이어지면서 미흡한 점들이 보완되기 시작했다. 어두웠던 영상은 추가로 조명을 늘려가면서 밝아졌다. 전문가들이 사용한다는 마이크도 구매하여 음질도 개선되었다. 캠코더와 녹음기도 구매했다. 방송용 소프트웨어 프로그램 사용법도 조금씩 익혀가기 시작했다. 갈수록 방송 진행이 부드러워졌다.

지금은 펜 태블릿까지 구매하여 온라인 강의처럼 필기까지 하며 진행하고 있다. 처음부터 모두 갖추고 하려고 했으면 시작도 못 했을 것이다.

'행동하라' 법칙에서 자주 볼 수 있는 예시가 있다. 사격을 하는 순서이다. 사격은 '준비→발사→조준'의 순서로 한다. 총을 먼저 쏘고 총알이 어디에 박혔는지 확인한다. 그리고 문제점을 토대로 조준을 다시 한다. 나 역시 먼저 방송을 시작(발사)한 다음에 보다 나은 방향으로 수정(조준)하기 시작했다. 처음부터 제대로 하려고 부담을 가졌다면 지금까지 준비만 하고 있었을 것이다. 많은 사람들이 준비만 하고 실천에 돌입하지 못하는 이유가 바로 이러한 경우다.

특별한 사정이 생기지 않는 한 매일매일 방송을 이어 나갔다. 한결같이 방송을 한다는 것이 쉽지만은 않았다. 생활하다 보면 하루 중 좋은 일 나쁜 일이 모두 생기기 마련이다. 감정을 컨트롤하는 것이 중요했다. '꾸준히 실천하라'라는 법칙의 중요성을 잘 알고 있었기 때문에 감정을 관리하며 방송을 계속하였다. 어느 날은 스마트폰으로 방송이 되지 않아 긴급히 컴퓨터를 활용해 방송을 계속하게 되었다. 컴퓨터를 활용하니 오히려 다양한 영상과 사진, 텍스트 등을 활용할 수 있어 전화위복이 되었다. 그리고 무엇보다도 방송에 꾸준히 참여해주시는 분들이 생기기 시작했다. 소통하고 싶은 마음에 제목에 '토크쇼'라는 단어를 넣었는데 강의라고 불러주시며 밤에 자기 전에 청취하신다는 분들까지 나타나기 시작했다.

영상을 보시고 직접 연락을 주신 많은 분들에게 궁금했던 점들을 물어볼 수 있었다.

"어떤 점 때문에 방송을 보세요? 어떤 부분이 유익하셨나요?"

"대표님의 진정성이 느껴져서 정말 좋았습니다. 다른 일반 강의들은 세련되었지만 정작 무언가를 숨기고 있거나 진심이 느껴지지 않거든요. 대표님은 알고 계신 것을 모두 알려주실 것 같은 느낌이 들었습니다."

놀라웠던 것은 유튜브 영상의 댓글에서도 항상 진정성을 느낄 수 있었고 유익하였다는 댓글들이 공통적으로 달렸다는 것이다. 자연스러운 소통과 석세스프린서플 트레이닝을 좀 더 알리고 싶은 마음으로 진행된 방송이었는데 시청자들이 '강의'였다고 가치를 높이 평가해주었다. 유튜브 방송을 통해서 커뮤니티 카페에 가입하고 성공학 트레이닝까지 등록하게 되면서 석세스프린서플 정규교육 1기가 탄생하게 되었다. 프로그램을 알리기 위해 매일 실시간 방송을 시작한 지 20일 정도 지났을 때였다. (매일 21시에 하는 실시간 방송은 59일간 계속되었다.) 내면에 있는 생각들을 석세스프린서플과 접목해서 표현한 것뿐인데 많은 동기 부여를 받고 큰 힘이 되는 방송이라는 피드백을 받았다. 단순 소통 목적이었음에도 불구하고 뜨거운 호응에 자신감도 덩달아 얻을 수 있었다.

방송으로 많은 성공법칙을 경험할 수 있었다. 목표달성을 위해 영감을 유용하게 다루는 법, 전체를 모두 보려고 하기보다 즉시 실행에 옮겨야 한다는 법칙(Just Lean Into It), 매일 정해진 일을 꾸준히 반복하는 5의 규칙, 다른 사람들에게 힘을 주고 이로써 나 자신도 힘을 얻는 법칙까지 이 모든 것들이 실제로 작동되는 것을 보았다. '진정성'이라는 나 자신도 미처 몰랐던 장점까지 발견할 수 있었고, 시청자들의 진심 어린 응원과 열심히 따라오려는 의지, 그리고 사회에 꼭 필요한 사업을 하고 계신다는 말을 듣다 보니 이 일에 대한 자긍심도 더 생겨났다. 이와 같은 일들은 삶의 목적에 충실했을 때 얻을 수 있는 것들이다. 작은 아이디어 하나였을 뿐인데 이렇게 다양한 사실들을 확인하고 교훈을 얻게 되었다.

만약 지금 자신이 처한 상황이 어렵거나 위기라는 생각이 든다면 내면에서 떠오르는 작은 생각의 씨앗들을 주의 깊게 살펴봐야 한다. 그리고 과감하게 행동으로 옮겨야 한다. 그 생각들 중에는 예상치도 못한 방법으로 전세를 역전시킬 비장의 카드가 숨겨져 있기 때문이다.

내가 초창기 업로드한 영상들을 보면 어둡고 화면 비율조차 맞지 않는다. 나 자신을 믿고 그대로 행동에 옮겼다. 오히려 가장 화면상태가 좋지 않는 영상이었는데 조회수와 '좋아요' 수가 다른 영상보다 압도적으로 높은 경우도 있었다.

흑인 인권운동가 마틴 루터 킹 주니어는 다음과 같이 말했다.

"믿음 속에서 첫 계단을 밟아라.
계단 전체를 볼 필요는 없다. 그냥 첫 계단을 밟아라."

겁먹지 말고 앞으로 한걸음씩 나아가 보자.
지금 당신의 작은 첫 발걸음이 훗날 큰 결실을 맺을 것이다.

한국형 석세스프린서플

1) 100% 책임과 권한을 갖는다

 수많은 성공 법칙들 중에 무엇이 제일 중요한지 꼽아보라고 한다면 주저 없이 석세스프린서플의 가장 첫 번째 법칙인 '삶의 권한과 책임을 100% 가져라(Take 100% Responsibility For Your Life)'를 선택할 것이다. 삶을 보다 행복하게 변화시킬 수 있는 권한이 나에게 없다면 그 어떠한 가르침도 인생에 적용하는 것이 불가능하기 때문이다. 삶을 더 나은 방향으로 바꿀 수 없는데 그 많은 성공 법칙들이 무슨 소용이 있겠는가?

 인생에서 무엇을 할지 정하는 사람은 누구일까? 무엇을 하지 않을지 정하는 사람은 또 누구일까? 당연히 나 자신이라고 생각할 것이다. 그런데 너무나 많은 사람들이 '어쩔 수 없이 ~때문에 ~해야만 한다' 또는 '어쩔 수 없이 ~때문에 ~할 수 없다'라고 버릇처럼 말한다. 내 삶의 주인이 나라고 생각한다면 도저히 입 밖으로 나올 수 없는 말들이다. 나 말고 내 인생을 조종하는 '~때문에'라는 존재가 있다는 것이다. 사람들은 이렇게 수시로 말하고 끌려 다니면서 삶의 권한을 갖고 있다고 착각한다. 인생을 개척하고 있다고 오해하고 있다. 주위 환경, 주위 사람들에 의해서 결정된 것을 그대로 따르고 있는 삶이다. 아무런 결정권이 없다.

불평, 불만도 마찬가지다. '~때문에 이렇게 되었다'라고 책임을 돌린다. 이렇게 말하는 사람들은 '자신이 잘못한 것은 없다', '어찌 할 수 없는 일이다'라고 주장한다. 남 탓을 한다. 주위 환경 때문에 이런 결과가 나왔다는 것이다. 그렇다면 내가 할 수 있는 일은 아무것도 없는가? 인생이 다른 사람들과 환경에 의해서 결정된다는 것인가? 그렇다면 내 삶에서 내가 할 수 있는 것은 없고 다른 것들이 나를 좌지우지한다는 것인가?

'어쩔 수 없다', '~때문에'라는 말이 무심코 튀어 나온다면 이미 내 삶의 권한을 타인과 주위 환경에 넘긴 것이다. 자신의 삶에서 생긴 결과에 전적으로 책임을 지고 그것을 바꿀 수 있는 권한 또한 자신에게 있음을 분명히 인식하는 것이 바로 우리에게 가장 중요한 법칙이다.

단언컨대 어쩔 수 없이 해야만 하는 일은 없다. 모두 선택할 수 있다. 위에서 언급한 '어쩔 수 없다' 마인드셋을 변화시키기 위해서 트레이닝 중에 이런 실습을 한다.

당신 앞에 사랑하는 사람이 있다. 그리고 뒤에서 누군가 당신의 머리에 총을 겨누고 있다. 그리고 당신이 사랑하는 사람에게 총을 쏘라고 말하며 당신에게 총이 쥐어진다. 만약 당신이 사랑하는 사람을 쏘지 않으면 뒤에 있는 누군가는 당신의 머리를 쏘겠다고 한다. 당신은 어떻게 하겠는가?

대부분의 참여자들은 사랑하는 사람에게 총을 쏘지 않는 편을 선택한다. 차라리 나 자신이 죽는 것을 선택한다. 비록 목숨을 잃더라도 내가 무엇을 할지 스스로 선택할 수 있다는 것이다.

죽음 앞에서도 자신의 의지에 따라 선택한 실제 사례가 있다. 2차 세계대전 때 독일의 아우슈비츠 강제수용소에 많은 유태인들이 끌려갔다. 빅터 프랭클도 강제수용된 유태인들 중 한 명이었다. 그는 가족들이 모두 죽어가는 극단적인 상황에서도 반드시 살아남아 기록으로 남기겠다는 결심을 했다. 신체의 자유조차 억압당했지만 반드시 살아남아 자유의지만은 절대로 빼앗길 수 없다는 것을 증명하고자 했다. 결국 빅터 프랭클은 마지막까지 살아남았다.

『죽음의 수용소에서』라는 그의 저서에서 "사람은 어떤 환경이라도 삶의 태도와 방식을 선택할 수 있는 자유의지를 갖고 있다"라는 말을 남겼다. 이와 같은 사례는 그 어떠한 상황에서도 우리는 선택을 할 수 있다는 것을 말해준다.

자신의 인생의 책임과 권한을 갖고 있다는 것은 '~때문에' 또는 '해야만 한다'라는 마인드셋으로 환경과 타인들에게 통제권을 내주는 것이 아니다. 어떠한 상황에서도 모든 것은 선택이라는 것을 깨닫고 자신의 판단에 따라 과감히 행동할 줄 아는 것을 말한다.

'해야만 한다'라는 마인드셋은 어릴 적부터 받았던 잘못된 교육으로 이미 고정관념으로 굳어진 경우가 많다. '반드시 ~를 해야만 한다', '하지 말아야 한다'라는 인식이 매우 뿌리 깊게 박혀 있다. 대부분 이것을 철저히 지키고 믿어왔다.

특히 이와 같이 잘못된 마인드셋은 내가 아닌 다른 사람들을 위해 내리는 선택이 많다. '부모님 때문에', '사회 때문에', '~때문에' 자신이 원하지 않는 전공, 직장, 결혼 등을 어쩔 수 없이 '~해야만 한다'라고 생각한다. 너무나도 쉽게 그 권한을 내주고 있다. 그러나 그 사실조차 모른다. 열정 없이 시작한 일의 결말은 뻔하다. 그리고 그 결과의 원인을 남 탓을 한다. 사회 탓을 한다. 악순환이다.

다시 한번 강조하지만 해야만 하는 일은 없다. 이 법칙을 알지 못하면 영원히 남이 원하는 일을 하며 그로 인해 도출된 형편없는 결과를 갖고 또다시 책임을 전가하며 불평하는 삶이 반복될 것이다.

저명한 동기부여가 짐 론(Jim Rohn)은 이렇게 말했다.

"미래를 결정하는 것은 당신에게 어떤 일이 일어났는지가 아닙니다.
그 일이 발생했을 때 당신이 취하는 행동입니다."

2) 반응을 바꾼다

앞에서 어떠한 상황에서도 선택을 할 수 있다는 것을 말했다. 불평, 불만으로 책임을 전가하지 말아야 한다고도 말했다. 그렇다면 구체적으로 어떻게 해야 삶의 주도권을 갖고 책임 있는 선택과 행동을 할 수 있는 것일까?

정답은 '반응'이다. 살아가는 동안 나에게 크고 작은 일들이 잠시도 쉬지 않고 벌어질 것이다. 이미 벌어진 일은 어찌 할 수 없다. 중요한 점은 그 다음 그 일에 대한 반응이다. 내가 어떤 반응을 보이는가에 따라서 결과가 달라지게 된다.

즉, 모든 일의 결과는 어떤 사건이 발생하고 그 사건에 대한 반응의 합으로 새로운 결과가 도출된다. 그래서 아래와 같은 유명한 공식이 만들어지게 되었다.

$$\text{Event}(사건) + \text{Response}(반응) = \text{Outcome}(결과)$$

'E+R=O'라는 공식으로 자주 쓰인다.

행동은 반응의 범주에 포함된다. 반응에 대해 명확히 알고 삶에서 적용하지 않는다면 지금까지 늘 그래왔듯이 같은 결과를 계속 맞이하게 될 것이다. 반응은 총 3가지 요소로 구성된다.

첫 번째는 먼저 언급했던 행동(Behavior)이다. 우리가 알고 있는 물리적인 행동이 맞다. 당장 우리에게 닥친 현실을 보면 코로나19로 인해 대면업이

제한되기 시작했다. 교육업도 예외가 될 수는 없었다. 스타 강사들조차 일이 뚝 끊어졌다며 울상이었다. 그러나 비대면 교육이 가능한 온라인 교육은 수요가 더욱더 폭발적으로 증가했다. 이를 눈여겨본 일부 강사들은 잽싸게 온라인 교육으로 전환하였다. 반응, 즉 행동을 바꾼 것이다. 필자 역시 지난해부터 추진하던 온라인 강의 런칭을 더 앞당기기 위해 박차를 가했다. 그 결과 온라인교육으로 방향을 전향하였던 강사, 교육업체들은 오히려 코로나특수(?)라는 말이 생길 정도로 더 폭발적으로 성장하기 시작했다. ㈜오석세스데이의 온라인 강의의 경우 올해 처음 런칭했음에도 불구하고 5개월간 약 4,500만 원의 매출을 올릴 수 있었다(실시간 특강 매출 포함). 당장 인터넷에서 온라인 강의 교육업체를 검색해보면 1년전에는 3~4곳 정도에 불과했지만 지금은 모두 몇 곳인지 헤아리기 어려울 정도로 최소 수십여 곳의 온라인 강의 업체들이 성업하고 있다. 모두 반응(행동)을 바꿔 더 나은 결과를 만들었다.

두 번째는 생각(Thoughts)이다. 가령 A가 B에게 말했다.
"당신은 너무 바보 같다."(사건)
이 말을 듣고 난 후 B의 내면은 어떨까? (결과)
기분이 좋아지고 자신감이 올라갔을까? 기분 나쁘고 자존감이 떨어졌을까? 많은 분들이 후자라고 생각할 것이다. 그러나 둘 다 틀렸다. 다른 사람이 뭐라고 하든지 관계없다. B가 스스로에게 어떻게 생각했는지(셀프토크 Self-Talk)에 따라서 달라진다. '만난 지 얼마 되지 않았는데 너무나 섣부른 판단을 하는군. 사람 볼지 모르네'라고 생각한다면 A가 한 말은 B에게 아무런 영향을 미치지 않는다. 그러나 '내가 무슨 실수라도 한 것일까? 난 역시 뭘 해도 바보 같구나……'라고 받아들인다면 B가 정말 바보이든 아니든 관계없이 자존감은 떨어진다. '바보'라는 말을 들었던 것은 사건(Event)이다. 그런데 스스로 어떻게 생각(Response)하느냐에 따라서 자존감의 크기가 확연하게 달라지게 된다.

이번에는 강하게 확신을 갖고 있는 예를 들어 보겠다. 만약 어떤 사람이 당신 머리가 녹색이라고 한다면 어떻게 반응할 것인가? 외국인이라 할지라도 염색한 사람을 제외하고서는 지구상에 녹색머리는 단 한 사람도 없을 거라고 강하게 확신하고 있을 것이다. 확신을 하게 되면 이어 곧바로 실없는 말로 간주해버릴 것이다. 그래서 '녹색머리'라는 상대방 말은 당신의 감정에 아무런 영향을 주지 못한다.

단지 당신이 스스로 어떻게 받아들였는가 차이다. 자신에 대한 확신과 스스로에게 건네는 말(Self-Talk)에 따라서 인생의 권한이 나에게 있느냐 남에게 있느냐를 판가름 지을 수 있다. 상대방 말 한마디, 작은 행동 하나에 좌지우지되는 당신의 모습을 발견할 때마다 위 법칙을 의식적으로 인식해야 한다. 당신에 대해서 가장 잘 알고 있는 사람은 바로 당신이다. 나중에 상대방은 자신이 그런 말을 했는지조차 기억하지 못할 수도 있다. 그러나 그 말을 나 자신에게 끊임없이 다시 하고 있는 사람은 바로 나 자신이다. 그 누구도 내 생각을, 내 감정을 조종할 수 없다.

세 번째는 마음속에 그리는 그림(Imagery)이다. 사람은 본능적으로 현재에 보이는 외부의 자극과 사건들만 지속적으로 바라보고 생각하고 있다. 원하는 것이 있다면 있다면 원하는 것의 분명한 그림을 각인해야 한다. 회상에 빠져 있고 비관적인 생각에 빠져 있어서는 절대로 원하는 결과를 얻을 수 없다. 내면에서 그리고 있는 그림을 분명히 해야 마인드셋이 변하고 행동을 유발하여 결과를 바꿀 수 있는 것이다. 다른 두 가지 반응들도 실천하기 쉽지 않지만 셋 중 가장 어려운 것이 바로 마음속에 원하는 그림을 그리고, 그것을 단단히 유지하는 것이다. 마음속 그림에 대해서는 별도로 자세히 설명하겠다.

이제 미래를 바꾸는 열쇠들이 무엇인지 알게 되었다. 의식적으로 반응을 바꾸려고 노력하지 않는다면 우리의 미래는 결코 바뀌지 않는다. 20세기 최고의 물리학자 아인슈타인은 말했다.
"정신이상이란 계속 같은 행동을 하면서 다른 결과가 나오기를 기대하는 것이다." 결과를 바꾸고 싶다면, 미래를 바꾸고 싶다면 그래서 인생을 바꾸고 싶다면 가장 먼저 반응을 바꿔야 한다. 반응을 바꾸는 날이 바로 우리의 삶이 더 나아지는 날이 되기 때문이다.

3) 현실을 그린다

E+R=O에서 반응을 구성하는 3가지 요소 중 3번째 그림 그리기(Imagery)에 대해서는 생소하게 느끼는 사람들도 많고 정확하게 알고 있는 경우도 드물다. 먼저 'Imagery'가 무슨 뜻인지부터 분명하게 짚고 넘어가야 한다. 'Imagery'는 '마음속에서 그림을 만들어내는 것'을 말한다. 더 나아가 '감정'과 '감각'을 느끼는 것까지 포함하기도 한다. 단순한 그림 자체를 말하는 'Image'와는 의미 차이가 크다. 우리말에는 위와 같은 행위를 영어처럼 단어로 표현할 수 있는 말이 없다. 그래서 이렇게 풀어서 설명하지 않으면 오해하기 쉽다.

인위적으로 만들어낸 분명한 그림은 두 곳에 영향을 미친다. 첫 번째는 잠재의식이다. 잠재의식에 새겨진 그림은 동일한 진동수를 가진 사건과 환경을 그 사람 주위(진원지)에 만들어내기 시작한다. 물질은 분자로 이루어져 있고 분자는 다시 원자, 원자는 원자핵과 전자로 이루어져 있고 이들은 다시 소립자로 이루어진다. 그런데 최소 단위 입자로 알고 있던 소립자들이 우리가 인식하는 순간 존재하고 그렇지 않으면 에너지의 상태로 존재하는 것이 최근에 밝혀지고 있다. 마치 입자로 나타났다, 다시 사라지는 것을 반복하는 모습이다. 즉 우리가 인식하는 순간 온 세상을 채우고 있는 에너지는 그와 동일한 진동수를 가진 물질로 변한다. 모든 물질은 고유한 진동수를 갖고 있다. 이 고유한 진동수를 서로 맞추는 것을 공명 또는 공진이라고 한다. TV 채널을 바꾸거나 라디오 주파수를 맞추는 것도 이 원리를 통해 이루어진다. 잠재의식이 작용하는 것도 마찬가지다. 의식 속에 각인된 그림의 진동수와 동일한 사건과 환경들이 반응하기 시작한다. 그리고 잠재의식이 특정한 진동수의 에너지를 꾸준히 유지할수록 같은 진동수를 갖는 에너지들의 세기가 급속히 커지기 시작한다. 왜냐하면 같은 진동수(주파수)에서 급격히 큰 에너지를 갖는 공진의 원리 때문이다. 진동의 방향이 같아질 때 순식간에 폭발적인 에너지를 키우게 되는 것이다. 이렇게 꾸준하게 힘을 얻은 에너지는 어느 순간 우리가 볼 수 있는 물질과 환경으로 나타난다. $E=MC^2$의 공식에서 볼 수 있듯이 에너지는 질량을 가진 물질과 가역관계이다. 즉 물질과 에너지는 전혀 다른 존재가 아니라 크기가 다를 뿐이지 서로 변환이 가능한 같은 것이라는 의미이다. 단지 C^2이라는 큰 상수(C는 빛의 속도) 때문에 지속적이고 강력한 'Imagery' 작업이 필요한 것뿐이다.

　두 번째로 망상활성체계(reticular activating system, RAS)에 영향을 미친다. 'RAS'는 마음속 그림을 중심으로 프로그래밍되며 이와 관련 있는 정보, 기회들을 절대로 놓치지 않고 받아들인다. 'RAS'는 일종의 여과(Filtering) 시스템이라 생각하면 쉽다. 매일 두뇌로 들어오는 정보는 약 800만 바이트다. 그러나 이 많은 정보를 모두 인식하지 않는다. 불필요하다고 판단되는 것은 자동으로 'RAS'에서 걸러준다. 우리는 'RAS'에서 걸러준 정보만을 인식하게 된다. 'RAS'는 항상 작동하고 있다. 분명 눈에 보이는 곳에 있는 물건을 인식하지 못한 경우도 모두 'RAS'가 작동한 예다.

　'RAS'는 프로그래밍 된 것들을 중심으로 여과한다. 'RAS'에 강력하게 프로그래밍되는 것은 '생명 활동에 필요한 것'과 '관심사항'이다. 그래서 잘 알고 있는 것이라고 해도 관심사항이 아니면 인식되지 않는다. 'RAS'의 70% 이상은 시각이 담당한다. 마음속에 그림을 그릴 때(Imagery) 뇌에서는 눈을 뜨고 사물을 바라볼 때와 동일한 부분이 활성화된다. 즉 눈을 감고 있다고 하더라도 그림을 떠올리고 있다면 눈을 뜨고 있는 것과 같이 인식을 한다는 것이다. 그래서 특히 'Imagery'가 'RAS'에 많은 영향을 미친다. 'RAS'라는 필터 때문에 우리가 볼 수 있는 것과 없는 것을 표로 나눠보면 아래와 같다.

볼 수 있는 것	볼 수 없는 것
생명활동에 필요한 것	본 적이 없는 것(콜럼버스 배)
미리 준비한 것(비주얼라이즈)	생각해두지 않은 것
설명을 들은 것	모르는 것
관심사항	관심이 없는 것

사전에 보려고 준비(Imagery 또는 Visualize)한 것이 아니면 우리는 볼 수 없다. 무언가를 'Imagery'한다는 것은 'RAS'에 이와 관련된 정보, 기회들을 중심으로 여과하라는 명령을 내리는 것과 같다. 그래서 앞으로 'Imagery' 된 것과 관련 있는 것들은 무엇인가 작은 기회가 될 만할 것까지도 빠짐없이 인식하게 된다.

지금 이 글을 읽으면서도 테스트할 수 있다. 먼저 눈을 감아본다. 그리고 주변에 빨간색을 지닌 물체가 몇 개나 있었는지 떠올려본다. 개수를 정확히 기억한다. 다시 눈을 떠서 볼 수 있는 시간을 10초간 갖는다. 그다음에 다시 눈을 감고 주변에 빨간색 물건의 개수를 떠올려본다. 첫 번째와

두 번째의 물건 개수의 차이는 어떤가? 확연한 차이가 있을 것이다. 청각도 마찬가지로 활용할 수 있다. 아무리 시끄러운 장소에 있어도 누군가 내 이름을 부르면 다른 사람들은 인식하지 못해도 나 자신은 반드시 듣는다.

이와 같이 'RAS'는 받아들이기에 너무 많은 불필요한 정보를 걸러주기도 하고 놓치기 쉬운 정보도 끊임없이 찾아낸다. 그러나 무엇보다 중요한 것은 원하는 것을 분명히 하여 마음속에 그림을 그리는 것이다. 그렇게 해야만 이것을 반드시 필요한 것으로 프로그래밍되어 관련 정보와 기회들을 놓치지 않고 받아들인다.

미래를 바꾸고 원하는 현실을 창조한다는 것이 모두 기존과 다른 결과를 만든다는 것을 의미한다. 그러기 위해서 E+R=O 공식에 따라 반응을 바꿔야 한다고 했었다. 그중 하나인 마음속에 그림 그리기(Imagery) 역시 절대 쉽지는 않다. 끈기와 반복을 통해서만 잠재의식에 도달하고 'RAS'에 프로그래밍할 수 있다. 방법이 자체가 어려운 것은 아니다. 다만 인내를 필요로 하기 때문에 어려운 일이 될 수도 있다.

반응을 바꾸지 않는다면 항상 동일한 현실 속에서 살게 된다. 작게라도 일단 시작하여 유지하는 것이 중요하다. 내가 원하는 미래는 내 손으로 만들 수 있다. 더 이상 남의 손, 환경 탓 할 필요가 없다. 반응을 바꿔야 한다는 것을 이제 분명히 알았기 때문이다. '100% 책임과 권한을 갖는다.' 법칙을 삶에 적용하기 시작하면서부터 인생이 달라지기 시작할 것이다. 행동, 생각, 그림 그리기라는 3가지 반응에 의해 완전히 달라진 결과를 맞이하게 될 것이기 때문이다.

4) 목적을 찾는다

이제는 목표의 중요성을 알고 계신 분들이 많아졌다. 뚜렷한 목표를 갖고 그 목표를 달성하기 위해 트레이닝을 찾아오시는 경우가 많다. 하지만 명확한 삶의 목적을 갖고 계신 분은 거의 없었다.

"삶의 목적이 무엇인가요?"

하고 질문하면 너무나 많은 사람들이 아래처럼 '목표'를 말한다.

"'공무원'이 되는 것입니다."

"'부자'가 되는 것입니다."

만일 이 글을 읽고 있는 여러분도 위와 같은 답변이 생각났다면 아래의 질문에도 답해보자.

'공무원'이 되기 위해 태어났나요?

'부자'가 되기 위해서 살고 있나요?

위와 같은 질문은 하는 사람도 듣는 사람도 마음이 무거워지게 만든다.

만일 '공무원'이 되면 남은 삶은 어떻게 되는 것인가?

마음속에 정확히 뭔지는 모르겠지만 '이건 아니다'라는 느낌이 들 것이다.

삶의 목적은 '태어난 이유'이고 '살아가는 이유'이다. 그래서 우리가 지구상에서 하는 모든 행동들의 이유(Why)가 된다. 그 '이유'에 따라서 정해지는 '무엇(What)'이 목표가 된다. 무엇에 대한 답은 명사 형태의 단답형 답이 가능하다. 그러나 이유(Why)는 다르다. 단답형이 될 수 없다. 내가 살아가는 이유는 '~하는 것'과 같이 동사형, 문장형이 된다. 하지만 대다수의 사람들이 목표를 삶의 목적으로 착각한다. 그래서 삶의 목적이 무엇인가를 물어보면 무언가를 성취하는 것으로 생각한다. 집, 차, 건물, 돈……. 그러면 이것들은 성취하게 되면 어떻게 될까? 목적이 성취되었으니 삶이 끝나야 되는 것이 아닌가? 삶의 목적은 재미있게도 '행위' 자체이기 때문에 지금 이순간 바로 따라갈 수 있다. 그리고 앞으로도 계속 따라갈 수 있다. 모든 삶에 걸쳐서 말이다. 삶의 목적은 방향을 말하며 추구해야 할 가치를 뜻한다.

목적을 바탕으로 삶을 재조직하게 되면 놀라운 일들이 벌어진다. 언제나 좋아하는 것을 하고, 열정 있는 것을 하고 자신에게 중요한 의미가 있는 일들만 하게 된다. 왜냐하면 방향을 따라가기 때문에 모든 시간이 내면에서 진실된 기쁨으로 가득 차게 되기 때문이다. 무언가를 성취하는 목표처럼 종착점이 있는 '점'이 아니라 계속 이어지는 '선' 역할을 하기 때문이다.

또 재미있는 것은 단지 삶의 목적에 충실했을 뿐인데 세상을 더 이롭게 하고 다른 사람을 행복하게 만든다. 올바르게 찾은 진정한 삶의 목적은 모든 사람과 세상에 도움을 주기 때문이다. 많은 사람들은 오해하고 있다. 삶의 목적을 따라 사는 것은 이기적이기 때문에 자신만을 위한 것이고 다른 사람에게 피해를 주는 것이라고 말이다. 하지만 절대 그렇지 않다. 기뻐하는 사람, 쉽게 표현하면 흔히 말하는 긍정적인 사람 옆에 사람들이 모일까, 그렇지 않으면 짜증내고 우울하고 비관적인 사람 옆에 사람들이 모일까? 삶의 목적에 따라 사는 사람은 기쁨에 차 있는 사람일까 슬픔에 차 있는 사람일까? 우리는 본능적으로 알고 있다. 누구 옆에 있어야 이로울지를 말이다.

분명한 목적을 가진 삶은 기회, 자원, 인맥들을 보다 쉽게 가질 수 있다. 이를 통해 지속적으로 성공을 거둔다. 삶이 보다 즐겁고 행복해진다. 그리고 이와 같은 성공들이 끝없이 더 많은 기회와 행복의 모멘텀을 만들어낸다. 나만의 특별한 자질을 발휘하는 삶, 뜨거운 열정으로 뭉쳐진 삶, 기쁨이 가득한 삶이기 때문이다. 그리고 이와 같은 삶은 반드시 세상을 이롭게 하기 때문에 삶의 목적을 따른 사람들은 자신의 분야에서 성공했다. 역사상 위대한 성취자들은 모두 삶의 목적을 중심으로 행동했다.

잭 캔필드의 삶의 목적은
'사람들의 비전을 사랑과 기쁨으로 실현할 수 있도록 힘을 주는 것'이다.
내 삶의 목적은
'내가 가진 특별한 능력을 바탕으로 사람들이 목표를 달성할 수 있도록 행동변화를 이끌어내는 것'이다.

토마스 에디슨은 사람들이 충분한 가치와 필요를 느끼고 대가를 지불할 수 있는 발명을 하는 것이 삶의 목적이었다. 하루 일과는 이러한 목적에 맞도록 구성되었고 목적에 맞지 않는 무의미한 일들은 하지 않았다. 그 결과 자신의 분야에서 큰 성공을 하게 되었다. 더불어 막대한 부도 갖게 되었다.

『네 안에 잠든 거인을 깨워라』 저자이며 변화심리학 최고 권위자인 앤서니 라빈스(Anthony Rabbins)는 적극적이고 활기찬 모습으로 모범이 되어 사람들의 심리를 치유할 뿐 아니라 성공으로 이끌고자 하였다. 그 결과 과거 빌딩청소부였던 그는 자신의 강연을 위해 미 전역을 헬기를 타고 다니면서 자신이 청소하였던 건물을 내려다보는 상황으로 바뀌었다. 지금은 전 세계에서 자신의 강연을 통해 사람들을 감동시키며 연 100만 달러 이상을 벌고 있다.

월레스 워틀스(Wallace Wattles)는 자신의 저서 『The Science of Getting Rich』에서 "세상은 당신의 목적이 이루어지기를 바란다. 세상 모든 만물이 당신 편이다. 단순한 감각적 쾌락이 아니라 진정한 삶을 추구해야 한다."라고 말하고 있다.

올바르게 찾은 삶의 목적은 항상 세상과 조화를 이룬다. 그래서 시작은 미약해도 작은 성공들이 모이면서 점점 더 많은 정보와 기회들을 갖게 된다. 성공이 가속화된다. 훌륭한 삶을 살았던 위인들은 모두 예외 없이 이러한 과정을 거쳤다.

다음의 워크시트들은 올바른 삶의 목적을 찾을 수 있도록 도울 것이다. 제대로 된 삶의 목적을 발견하고 이를 따라 살아간다면 수월한 성공과 축복이 함께하는 놀라운 경험을 하게 될 것이다.

워크시트를 활용하여 삶의 목적을 찾는 방법

> **삶의 목적 특징**
>
> ① 삶의 목적은 누가 알려주지 않는다.
> ② 오직 자신만이 찾을 수 있다.
> ③ 정해진 답이 없지만 정해야 하는 숙제다.
> ④ 남은 삶을 신나고 즐겁게 살기 위해서 반드시 풀어야 하는 문제다.
> ⑤ 성공을 가속화시킬 수 있는 중요한 도구다.

간단한 방법 중 하나로 기쁨(Inner Joy System)을 따라가는 방법이 있다. 기쁨(Joy)은 삶의 목적을 알려주는 내면의 안내자(Inner Guidance) 역할을 한다. 그렇다면 이 안내자에게 물어보도록 하자.

당신이 지금까지 했던 일 중에서 가장 즐겁고 신났던 일의 리스트를 작성해본다. 이것저것 따지지 말고 생각나는 대로 쭉 적어 내려간다. 나중에 걸러내면 된다. 잘 생각나지 않으면 잠시 뒤에 다시 적어본다. 천천히 충분히 여유를 두고 적는다. 잠재의식에게도 물어본다. '내가 무슨 일을 할 때 진정으로 기쁨을 느꼈지?'를 생각하며 최대한 많이 적어본다.

그다음으로 그것들의 공통점을 찾아본다. 하나로 꿰뚫는 테마가 분명 있을 것이다. 그것을 중심으로 직업이든 사업이든 삶을 조직할 계획을 세워본다. 이제 당신이 기뻐했던 일로 인생을 재구성할 수 있게 된 것이다. 처음에는 작게 시작할 것이다. 그러나 이 작업을 2~3주의 기간 동안 지속해본다면 점점 성공에 대한 확신이 들 것이다. 점차 성장하고 있는 자신을, 행복을 만들어가는 자신을 발견할 것이다.

다음은 열정테스트가 있다. 열정테스트는 당신이 무엇을 하고 있을 때 이상적으로 느끼고 있는지 확인하는 것이다. 적어도 10가지 이상을 적어본다. 음악감상을 하고 있을 때, 세계여행을 다니고 있을 때, CEO로서 자부심을 느끼며 일하고 있을 때, 자녀와 이야기를 하고 있을 때 등 무엇이든 좋다. 가능한 한 많이 열거해본다.

그다음에 5가지만 골라서 점수를 매겨보자. 0점은 삶에서 전혀 적용하고 있지 못하는 열정이고 10점은 삶 속에서 완전히 적용하고 있는 열정이다.

낮은 점수를 받은 열정은 무엇을 말하고 있을까? 이 일을 하면 이상적인 삶을 만들 수 있지만 현재 삶에서 실천하지 못하고 있는 것이다. 점수가 낮은 열정을 따라서 삶의 방향을 설정한다. 점수가 높은 열정들은 이미 삶에서 충분히 적용되고 있으며 당신의 삶을 이상적으로 만들고 있다. 낮은 점수를 준 것들이 바로 여러분이 집중해야 할 삶의 목적들이다.

점수가 낮은 열정들을 첫 번째로 하여 이것에 따라 삶을 살아갈 때 당신의 삶이 어떠한 모습을 하고 있는지 구체적으로 묘사한다. 미리 그려보는 것이다. 이것들을 삶에 적용하여 이상적인 모습을 하고 있는 자신의 모습들을 자유롭게 적어본다.

마지막으로 위에서 테스트들을 통해서 찾은 항목들을 실제 삶에서 어떻게 적용하여 시작할지 고민하면 된다. 테스트를 충실히 이행한 사람들은 여러 개의 삶의 목적들 중에서 선택해야 하는 상황이 되었을 수도 있다. 매일 가슴 뛰는 아침을 맞이할 수 있는 삶의 목적들을 찾은 것이다. 이제 남은 것은 적용이다. 나만의 유일한 삶의 목적이라는 깃발을 들고 신나게 달려갈 일만 남았다!

Worksheet 1

My life Purpose statement

❶ 당신만의 특별한 자질 두 가지를 적어보자.

ex) 끈기, 도전정신

❷ 다른 사람들과 함께할 때,
이러한 자질들을 주로 어떤 방법으로 표현하거나 사용하는지 적어보자.

ex) 지속적으로 영감을 주어 행동할 수 있도록 독려한다.

새로운 도전 모범을 보이고 동기 부여한다.

❸ 지금 이 세상이 완벽하다고 생각해보자. 그럼 어떤 모습을 하고 있을까?
사람들은 서로 어떻게 영향을 주고받을까? 느낌은 어떨까?
당신 마음속에서 보고 느끼는 완벽한 세상의 모습을 현재시제를 사용해서 적어보자.
잊지 말아야 할 점은 완벽한 세상은 즐겁고 신나는 곳이라는 것이다.

ex) 자신만의 독특한 재능을 자유롭게 표현하고 있다. 조화롭게 일하고 있다.

사랑을 표현하고 있다. 꿈과 하고 싶은 것들을 마음껏 펼쳐가고 기쁨을 즐기고 있다.

❹ 앞에서 적었던 세 가지 내용을 하나의 문장으로 만들어보자.

ex) 내가 가진 특별한 끈기와 도전정신을 바탕으로 사람들이 중도에 포기하지 않고

목표를 달성할 수 있도록 동기부여하고 행동변화를 이끌어내는 것.

Worksheet 2

Joy Review Exercise

기쁨(Joy)은 삶의 목적을 찾을 수 있는 내면의 안내자(Inner Guidance)이다.
Joy가 있는 삶 → On Track
Joy가 없는 삶 → Off Track

스텝 1 인생을 뒤돌아보면서 언제, 무엇을 할 때 가장 기쁨(Joy)을 느꼈는가? 몇 가지 항목을 적어보자.

ex) 배낭여행을 떠날 때, 다양한 분야의 사람들과 만나 대화할 때,

파티에 초청받았을 때, 사업을 새롭게 시작할 때.

스텝 2 위에서 적은 리스트를 보면서 기쁘고 행복했던 순간들의 공통점/테마는 무엇인가?

ex) 새로움, 시작, 도전, ……..

스텝 3 위에서 찾은 공통 테마를 적용한 삶의 목적을 도출해보자.

ex) 새로운 것을 시작하며 도전하는 삶.

Worksheet 3

What do you want to do, be and have?

무엇을 원하는가? 20가지 이상 작성

20가지를 적어보게 되면 진정으로 원하는 것에 대해서 고민하게 된다.
내면에서 진심으로 원하는 것은 '지금 당장 원하는 것', '눈에 보이는 것', '물질적인 것'들이 이루어졌을 때 비로소 볼 수 있게 된다. 질문이 거듭될수록 돈, 집, 차, 명품 등이 아니라 사랑, 인간관계, 건강(육체적 고통으로부터의 해방), 평화, 기쁨 등을 찾는다. 일반적으로 20가지 이상 답변을 하는 과정에서 비로소 진정으로 원하는 것을 찾을 수 있다.

ex) 1억 원 연봉, 승진, 34평 아파트……)행복한 가정, 건강한 가족, 꿈을 이룬 모습.

❶ _____
❷ _____
❸ _____
❹ _____
❺ _____
❻ _____
❼ _____
❽ _____
❾ _____
❿ _____

⑪
⑫
⑬
⑭
⑮
⑯
⑰
⑱
⑲
⑳

Worksheet 4

열정테스트 (The Passion Test)

 삶의 방향과 열정이 같을 때 성공이 더욱 가속화된다.

스텝 1 당신의 무엇을 하고 있을 때, 무엇을 이루었을 때 이상적으로 느끼는가? 10가지를 적어보자.

"나는 ~을 하고 있을 때/이루었을 때 삶이 이상적(완벽)이다" (현재시제를 사용)

ex) 가족과 세계여행을 다니고 있을 때,

내가 설립한 회사에서 믿음직한 동료들과 즐겁게 일할 때, 음악감상하고 있을 때,

자녀와 이야기 할 때.

❶ _____ ❻ _____
❷ _____ ❼ _____
❸ _____ ❽ _____
❹ _____ ❾ _____
❺ _____ ❿ _____

스텝 2 위의 리스트 중에서 가장 이상적으로 느끼는 TOP5를 선택한다.
5가지 열정들에 0~10점까지 점수를 매겨보자.
점수를 줄 때 열정을 느끼는 순서가 아니라는 점을 주의한다.

> 0점 : 삶에서 적용하지 못하고 있는 열정 / 10점 : 삶 속에 완전히 적용하고 있는 열정

 스텝 3 위에서 선택한 5가지 열정을 따라 삶을 살아갈 때
그것이 어떠한 모습을 하고 있는지 구체적으로 묘사해보자.

ex) 1만 명의 사람들과 콘서트 같은 성공학 트레이닝을 진행하고 있다.
　　로얄케리비안사의 크루즈선를 타고 100일간의 세계여행을 다니고 있다.

❶
❷
❸
❹
❺

> 구체적으로 묘사한 5가지 모습이 진정으로 열정을 느낄 수 있는 삶이다.
> 특히 Top5 중에서 점수가 낮은 항목들에 집중해야 한다.
> 이것들을 삶 속에서 적용할 수 있도록 해야 한다.
> 삶을 완벽하게 만들어줄 수 있는 중요한 부분이지만
> 현실에서 적용하지 못하고 있기 때문이다.
> 가장 성공했던 사람들은 항상 이와 같은 5가지 열정들이
> 일상적인 삶이 되려고 노력하였다.
> 열정을 바탕으로 삶의 방향을 재조직했다.
> 가장 열정을 느끼고 행복하게 살 수 있는 Top5 모습을 바탕으로
> 삶의 목적을 찾아보자.

❓ 이제 위에서 찾은 목적들을 정리하여 최종적인 삶의 목적(Why)을 도출해보자.

ex) 사람들과 만남을 통해 깨달음을 얻고 새로운 일에 도전하여 기쁨을 얻기 위해서.

❓ 만일 아직까지 삶의 목적을 찾지 못하겠다면

삶에서 동일한 사건/일에서 3번 이상 행복(기쁨)을 느꼈을 때는 언제인지 찾아본다.

5) 목적에 따른다

워크시트를 통해서 자신만의 삶의 목적을 찾았을 것이다. 성공의 가장 첫 단추가 삶의 목적에 맞도록 모든 일의 방향을 재조정하는 일이다. 이제 내가 직접 찾은 '세상에 태어난 이유'에 따라서 그대로 살면 된다. 이렇게 살 때 우리는 행복한 삶을 만들 수 있다.

삶의 목적에 충실할 때 기쁨과 열정으로 매일 아침 이불을 박차고 일어날 수 있다. 하루 종일 하고 싶은 일이 나를 기다리고 있기 때문이다. 날마다 더 풍요로워지고 감사가 넘치게 된다. 또 진정으로 자기 삶의 목적에 맞게 살면 다른 사람들에게도 도움이 된다. 지역사회에도 기여하게 되므로 다 함께 성공하고 행복해진다. 때문에 더욱더 부유하게 된다.

그런데 '목적'이 아닌 '현실'이라는 것에 집중하면 이런 질문이 생길 수 있다. "삶의 목적대로 살아간다면 제대로 생계를 이어 나갈 수 있을까?"

이미 언급했지만 삶의 목적에 따라 살 때 성공이 가속화된다고 하였다. 부와 행복에 가까워진다고 하였다.

그렇기 때문에 단 하루라도 조금이라도 먼저 삶의 목적이 무엇인지 찾고 그에 따라서 생계를 어떻게 꾸릴 것인지 어떻게 살아나갈 것인지 목표를 설정하라는 것이다. 왜냐하면 삶의 목적에 따라 살기 시작하는 초기에는 힘든 시기를 겪게 될 가능성이 있기 때문이다. 현재는 엄청난 성공을 거둔 위대한 인물, 기업들조차도 그 시작은 한없이 볼품없었다. 그러나 그들은 삶의 목적에 맞도록 인생의 방향을 수정하고 모든 에너지를 쏟아 부었다.

인생을 100년이라고 한다면 50살에 성공하는 것보다 30살에 성공하여 남은 70년 인생을 행복하게 사는 것이 훨씬 더 낫지 않겠는가?

그렇기 때문에 조금이라도 빨리 삶의 목적을 찾고 적용해야 한다는 것이다. 나이가 들수록 오히려 두려움이 많아진다. 많이 가진 것도 아니지만 손에 쥐고 있는 것을 내려놓지 못한다.

그 어떠한 경우라도 삶의 목적은 당신을 성공으로 이끌어줄 수 있다. 단, 도중에 넘어지더라도 쉽게 일어설 수 있는 인내심이 있어야 한다. 성공을 만들어낼 수 있는 충분한 시간도 확보할 수 있어야 한다. 성공으로 가는 길에 장애물이 없는 경우는 없기 때문이다.

삶의 목적에 충실하였다면 미래는 완전히 달라진다. 삶의 목적에 따라 선택한 일을 할 때 엄청난 에너지를 발휘하기 때문이다.

투철한 사명과 의지를 갖고 일하는 스타트업 CEO들을 살펴보자. 20~30대가 주류인 이들은 강한 진동수를 갖고 주변을 성공에너지로 물들인다. 아무런 목적 없는 같은 나이의 또래들과 살아가는 방식이 완전히 다르다. 부와 성공의 기회가 늘 열려 있다. 일하는 것은 오히려 평사원들보다 더 힘들어도 즐겁다. 실패해도 다시 일어선다. 기쁨을 느끼고 열정이 있는 일이기 때문이다. 삶의 목적을 따라서 살고 있는 이들에게 성공은 시간문제다.

2010년도에『청년기업가정신』(김현정 지음, 토네이도) 도서에서 스타트업 기업으로 소개되었던 '시원스쿨'은 11년이 지난 지금 영어교육계에서 누구나 아는 회사가 되었다. 『100달러로 세상에 뛰어들어라』(크리스 길아보 지음, 더퀘스트) 도서에서는 우리나라 돈으로 환산하면 단돈 12만 원 남짓한 자금으로 사업을 시작하여 우여곡절 끝에 성공을 거둔 이야기들이 실려 있다. 잭 캔필드와 마크 빅터 한센이 저술한 『1% 행운(원제 : Chicken Soup for the Entrepreneur's soul)』(흐름출판) 도서에서는 자신의 삶의 목적에 따라 사업을 시작하여 백만장자가 된 42명의 아름다운 이야기가 실려 있다. 삶의 목적에 충실할 때 사람들에게 줄 수 있는 기쁨과 사랑 그리고 감동을 통해서 자신들도 성공을 거둘 수 있었다.

글로벌 금융 회사의 변호사를 그만두고 전업 유튜버로 활동하고 있는 스티븐 박은 삶의 목적을 따라 진심으로 하고 싶은 일을 시작한 사례다. 그가 한 인터뷰를 보면 그는 삶의 목적이 무엇인지 분명하게 알고 있고 그것을 정확하게 행동으로 옮기고 있다. 그의 인터뷰 기사 중 "자신이 무엇을 하고 싶은지 뚜렷하게 알고 남들에게 보여줄 수 있는 것"이 바로 성공을 위해 필요한 재능이라 역설하고 있는 부분은 매우 인상적이다. 그의 유튜브 채널에서 자신의 비전을 말하는 장면을 보면 매우 뜨거운 열정을 느낄 수 있다. 바로 이러한 에너지가 필요한 자원들을 끌어당겨 성공을 가속화시키는 것이다.

"지지자 불여호지자 호지자 불여락지자(知之者 不如好之者 好之者 不如樂之者)"

'아는 것은 좋아하는 것만 못하고 좋아하는 것은 즐기는 것보다 못하다.'라는 무려 2500년 전의 공자님 말씀이다. 진정으로 즐기는 일을 하는 사람을 당해낼 수 없는 것은 시대를 초월한 만고불변의 진리이다. 진심으로 성공하고 싶다면 여타의 다른 법칙들보다 먼저 자신이 가장 기뻐하는 것, 열정을 느끼는 것, 즐기는 것을 삶의 목적으로 찾고 실천해야 한다.

6) 목표를 정한다

삶의 목적을 찾은 다음에는 이를 바탕으로 목표를 설정해야 한다. 목표를 설정하는 작업도 제대로 해보자. 대부분의 사람들은 목표를 혼자만의 비밀로 간직해야 한다고 오해한다. 절대 그렇지 않다. 모든 사람에게 알려야 할 필요는 없지만 나를 지지해줄 수 있는 사람들에게는 꼭 알려야 한다. 그래야만 목표를 이룰 수 있다. 이해를 돕기 위해서 이번에는 비유를 통해 설명하려고 한다. 나를 도와줄 수 있는 가장 강력한 존재를 '수호천사'라고 가정해보자. 수호천사를 잠재의식이라고 생각해도 좋다. 수호천사에게 목표를 알리고 도움을 요청하려면 수호천사의 성격을 잘 알아야 한다.

첫 번째 특징으로는 능력이 매우 좋다. 소원이 무엇인지 정확히 전달되기만 하면 어김없이 들어준다.

두 번째 특징은 영리하지는 못하다는 점이다. 눈치도 없다. 일일이 첨삭 지도하듯 적어줘야 겨우 알아볼 수 있다고 한다. 백문이 불여일견. 직접 볼 수 있다면(사진이나 그림) 훨씬 더 잘 이해할 수 있다. 기억력도 나빠서 계속 상기시켜줘야 한다. 그렇지 않으면 잊어버린다. 부지런하게 다시 알려주는 수밖에 없다.

세 번째 특징은 온몸에 전율을 느낄 수 있는 큰 목표를 좋아한다. 세상 사람 모두에게 영향을 미칠 수 있는 꿈을 좋아한다. 이 세상에 크게 기여할 수 있는 목표를 제일 좋아한다. 다른 사람의 수호천사이기도 하기 때문이다. 그래서 이왕에 하나의 목표를 이루어주게 되면 다른 사람들까지도 행복해 줄 수 있는 것들을 좋아한다. 수호천사 입장에서 일석이조이다. 도랑치고 가재잡고, 님도 보고 뽕도 따고 싶은 수호천사의 마음을 십분 이해해주어야 한다. 돈 한 푼 안 들이고 소원을 이루어주는데 이 정도 비위 맞춰주는 것은 어려운 것이 아닐 것이다.

이제 수호천사의 특징을 잘 알았으니 올바른 목표를 작성해보자. 목표를 적어서 전달할 종이를 주문서라고 하고, 주문서의 양식 두 가지를 기술해 보겠다.

첫째, 수치를 넣어서 제3자도 달성여부를 알 수 있도록 명확히 해야 한다. 수호천사는 숫자가 삽입되어 구체적으로 알려줘야 일을 할 수 있다. 살을 빼고 싶다면 몇 킬로그램을 빼고 싶은지 명시한다. 흡연량을 줄이고 싶다면 몇 개비, 몇 갑을 줄이고 싶은지 명시한다. 음주량을 줄이고 싶으면 몇 병을 줄일 것인지 명시해야 한다. 매출을 늘리고 싶다면 원하는 매출액이 얼마인지 정확히 알려줘야 한다. 이렇게 해야지만 주문서에 기재된 내용이 확실하게 전달될 수 있다.

둘째, 마감시간을 알려줘야 한다. ○○○○년도 하반기, 3월 말, 봄 이런 기간은 있으나 마나이다. 약속을 잘 어기는 사람들의 특징이 무엇일까? 기한을 명확히 정하지 않는다. 빠져나갈 구멍을 만드는 것이다. 명확한 시간을 정하려고 하면 뭘 그렇게까지 하려고 하냐는 둥 그럴 필요가 없다는 둥 온갖 핑계를 댄다. 우리가 발행할 주문서도 마찬가지다. 가령 당신이 받을 돈이 있다. 그런데 올해 봄에 준단다. 결국은 불볕 더위가 시작되는 여름이 되어 왜 말도 없이 가만히 있느냐고 물으니 자신은 별로 덥지 않아 아직까지 봄이라고 생각하고 있다고 말한다. 정확한 날짜, 시간이 없었기 때문에 이와 같은 일이 생기는 것이다. 몇 월 며칠에서 그치는 것이 아니라 몇 시까지 해달라고 명확한 시간을 명시해야 한다. 잭 캔필드는 목표를 설정할 때 항상 시간까지 명기하도록 강조했다. 그의 비법 중 하나다. '구체적' 목표 설정 의미의 핵심 중 하나이다. 디테일의 차이가 성공여부를 결정한다.

추가로 한 가지 더 당부하고 싶은 점은 목표가 너무 높아도 또 너무 낮아도 안 된다는 것이다. 그런데 사람들은 주로 너무 낮게 설정하는 경우가 많다. 미켈란젤로는 다음과 같이 말했다.

"우리들 대부분에게 더 큰 위험은, 우리의 목표가 너무 높아서 달성하지 못한다는 사실이 아니다. 목표가 너무 낮아서 그것을 성취한다는 사실이다."

위에서 언급된 목표설정의 가이드를 철저히 적용할 수 있다면 목표가 달성될 수 밖에 없는 완벽한 시작 조건을 만들고 출발하는 것이 된다. 목표 달성을 위해 첫 번째로 중요한 행동이 바로 심혈을 기울여서 목표를 설정하는 것이기 때문이다.

ex) 참고 : 목표는 확언과 다르게 작성한다.
수치를 활용하여 객관적인 표현이 될 수 있도록 작성한다.
제3자가 달성여부를 알 수 있어야 한다. 문장으로 완성하지 않아도 좋다.
서울시 강남구 △동 ○ 아파트 ×호에 2022년 04월 30일 5pm까지 입주(한다).

Worksheet 5

삶의 7가지 영역 비전

> 비전을 그리는 것은 목표설정이 아닌 시각화(Visualize)와 확언(Affirmation)에 활용하기 위함이다. 그러므로 적절히 감정표현을 활용해야 한다.

원하는 것의 큰 그림(비전)을 그려보자

 재정적인 영역
꿈꾸는 연봉, 자산, 저축과 투자 / 집은 어디에 위치, 크기, 내부 모습, 가구, 벽 / 자동차, 기타 소유물은 어떤 모습인가?

ex) 복층 구조로, 화이트 톤의 넓은 거실과 편백나무 침실, 조용한 서재, 밝은 드레스 룸을 지닌 △△동의 아파트에서 편안하게 생활하고 있다. 하얀색의 벤츠 *클래스 차량을 타고 △△에 위치한 ○○회사에 즐겁게 출근하고 있다.

직업, 경력, 비즈니스
어디에서 일하는가? 무슨 일을 하는가? 어떻게 일하고 있는가? 무슨 사업인가? 어떻게 진행되고 있는가?

_____

_____

_____

_____

자유시간, 여가, 놀이
여가시간에 무엇을 하고 있는가? 무슨 취미생활을 하고 있나? 휴가를 어떻게 즐기는가?

_____

_____

_____

_____

건강, 몸
몸에 활기가 넘치는가? 건강에 이상이 없는가? 이상적인 몸은 어떤 모습인가?

_____

_____

_____

_____

👥 인간관계
가족들, 친구, 동료들과의 관계는 어떠한가? 인적네트워크는 어떤 모습인가?
그들은 든든하고 힘이 되는가? 그들과 함께 지내고 싶은가?

_____

_____

_____

😊 개인적 영역/성장
무엇을 배우고 교육 받고 있는가? 어떤 연수를 받는가? 어디를 여행하는가?
정신적, 영적으로 성장하는가? 무슨 악기를 연주하는가?
어떤 예술수업을 받고 싶은가?

_____

_____

_____

❤️ 지역사회, 기부, 기여, 봉사
완벽한 지역사회의 모습은 어떤 곳인가? 어떤 봉사를 하고 있는가?
어떻게 기부를 하고 있고 누구를 돕고 있는가?
세상을 더 나은 곳으로 만들기 위해 무엇을 하고 있고 무슨 기여를 하고 있는가?

_____

_____

_____

1) 브레이크스루 골

자신이 갖고 있는 목표의 크기에 대해 생각해본 적이 있는가?

자로 재듯이 정확히 측정할 수는 없겠지만 목표를 떠올렸을 때 이 정도면 충분히 가능하겠다는 만만한 느낌이 들 수도 있고 도저히 엄두가 나지 않을 수도 있다.

그 목표들 중에서 만약 달성한다면 지금까지 성장을 가로막았던 장애물들을 일소하면서 삶의 모든 영역에서 비약적인 발전을 가져올 수 있는 목표를 특별히 '브레이크스루 골(Breakthrough Goal)'이라 한다.

삶에서 큰 도약을 이룰 수 있기 때문에 주로 큰 목표인 경우가 많아 '헉' 소리가 나면서 숨막힐 것 같기도 하다. 그리고 전진을 가로막는 문제들을 단번에 뛰어넘을 수 있기 때문에 가슴 터질 듯한 희열과 기쁨을 줄 수도 있다.

브레이크스루 골을 통해 삶이 드라마틱하게 바뀔 수 있다. 사람들이 흔히 말하는 '인생대역전'은 해볼 만한 목표를 달성하는 과정에서 이루어지는 것이 아니다. 발전이 더디고 항상 다람쥐 쳇바퀴 같은 인생에 머물러 있다는 생각이 든다면 반드시 자신의 목표를 되돌아볼 필요가 있다. 100이라는 목표를 세웠는데 150에 달성하는 경우는 매우 드물다. 대부분 80에서 90 정도 달성하면 잘한 것이다. 대부분의 사람들은 당장의 배경, 환경, 자신의 모습을 기준으로 하여 목표를 설정한다. 그러고서는 현실에 딱 맞는 목표라고 판단한다. 현실을 직시하고 있다며 만족하며 같은 현실을 반복한다. 현재의 모습에 맞게 목표를 설정하였는데 어떻게 지금보다 훨씬 나은 경제적 자유와 행복을 누릴 수 있겠는가? 오히려 목표에 도달하지 못할 경우 삶의 수준이 더 떨어지지 않으면 다행이다.

많은 사람들이 잘 모르는 부분이 브레이크스루 골의 필요성이다.

브레이크스루 골을 설정하는 이유는 현재 산적한 문제점을 단번에 해결하고 삶의 수준을 완전히 다른 단계로 끌어올리기 때문이다.

브레이크스루 골의 필요성을 느끼지 못하는 이유가 무엇일까?

현재 자신이 머무르는 환경(Comfort Zone)에 익숙해져서 새로운 변화를 두려워하고 또 아예 도전할 생각조차 못하기 때문이다. 브레이크스루 골은 설정하는 것은 용기가 필요하다. 행동이 아닌 목표에 불과한데도 마음속으로 강한 결단을 내리지 않으면 절대 세울 수 없는 목표이다. 내가 과연 가능할까? 이루어 진다면 놀라운 파급효과를 만들어낼 수 있기 때문에 생각하는 것만으로도 부담감이 든다. 흔히 말해 '언감생심' 생각조차 못하는 것이다. 그러나 그 중요성 때문에 목표설정 단계에서 꼭 포함되어야 할 것이 바로 브레이크스루 골이다.

　브레이크스루 골은 목표의 크기도 크지만 기존의 문제점들도 해결할 수 있는 수단과 같다. 때문에 혁신적인 방법이 도출된다. 몰랐던 자신의 잠재된 능력을 활용할 수 있게 되는 것이다.

　예를 들어 회사에 출근하여 8시간을 일하고 한 달에 300만 원을 버는 직장인이 목표를 400만 원으로 늘렸다고 가정해보자. 그러면 적어도 하루에 2시간 이상 더 일해야 한다. 만일 500만 원으로 잡았다면 4시간 이상 더 일해야 한다. 하루에 총 12시간 이상을 일해야 한다는 결론이 나온다. 위 사례는 기존의 방식을 고수하고 목표 금액만 늘린 것이다. 항상 주어진 상황(기존 방식)에 맞추어 목표를 달성하려고 하기 때문에 한 달에 천만 원씩, 2천만 원씩 번다는 것은 불가능한 목표라는 생각이 든다. 조금만 더 벌려고 해도 이렇게 힘든데 도대체 그렇게 큰 금액을 어떻게 벌 수 있겠는가 하는 것이다. 그래서 매우 무리한 목표라는 판단이 서고 또 굳이 가져야 할 필요성도 느끼지 못하는 것이다.

　그렇다면 억대 연봉이 어떻게 존재할까? 그들은 하루에 24시간씩 일하고 있다는 것일까? 위에서 계산한 방식으로는 억대연봉으로 갈수록 노동의 강도가 심해질 수 밖에 없다. 여기까지 생각해본다면 현실에 맞게 조금씩 발전한다는 목표는 한계에 부딪친다. 일하는 시간을 돈을 맞바꾸는 전형적인 노동자의 상태에서는 답이 없다는 것을 알게 되는 것이다.

　그런데 현실에서 엄연히 한 달에 천만 원의 수입을 가져가는 사람이 존재한다. 월 억대로 수입을 버는 사람도 있다. 어떻게 이런 일이 가능한 것인가?

방법의 차이다. 월 천 만원을 버는 사람은 같은 시간 노동을 해도 가치를 2배 이상 인정받거나 다른 수입이 들어오는 파이프라인을 구축하였거나 그렇지 않다면 추가적인 고부가가치 수입을 얻든지 해서 기존의 방식을 완전히 전환한 사람이다. 본래 방법으로는 불가능하기 때문에 혁신이 이루어질 수밖에 없는 것이다.

한 가지 예시를 더 들어 보겠다. 미식축구에서는 점수를 내려면 반대편 터치다운 영역까지 공을 들고 가야 한다. 그러나 터치다운까지의 거리가 멀고 상대편 선수들이 전력으로 방어하기 때문에 공을 들고 뛰어가면 몇 발자국 전진도 쉽지 않다. 이와 같은 장애물을 뚫고 공격에 성공하기 위해서는 어떻게 해야 할까?

기존 방식대로 공을 갖고 뛰어가는 대신 장애물 역할을 하는 상대편 선수를 가로 지르는 '스루패스'를 통해 극복하면 된다. 멀리 공을 던져 단숨에 터치다운 영역으로 전진하는 것이다. 공을 들고 뛰어가는 단순한 방법을 버리는 것이다. 이로써 상대편 수비수라는 장애물을 뛰어넘고 터치다운이라는 큰 성과를 얻을 수 있는 결과를 도출한다.

위와 같은 '스루패스'는 나의 인생도 완전히 바꾸어 놓았다. 과거 나의 목표 중 하나가 부자였는데 직장생활의 봉급만으로 달성하기는 어려운 목표라는 것을 알게 되었다. 계속 기존의 방식을 고수하는 것으로 목표 달성하는 것은 불가능한 일이라는 것을 깨달은 것이다. 그래서 창업을 결심하고 잭 캔필드 인증 트레이너가 되기 위해 생면부지의 미국까지 다녀오는 혁신을 실행하게 된 것이다.

근무시간을 늘리는 것이 아니라 전혀 다른 방법을 이용함으로써 대응하는 방식을 완전히 바꾼 것이다. 직장생활을 통해 얻는 수입은 매달 한계선이 명확히 정해져 있지만 현재는 수입의 제한선이 없다. 대신 보장된 수입도 없다. 그러나 분명한 것은 트레이닝과 컨설팅으로 사람들을 더 부유하고 성공하게 만들어줄수록 나 또한 제한이 없는 더욱 큰 부와 행복을 갖게 될 것이라는 점이다.

브레이크스루 골은 단순히 큰 목표만을 뜻하는 것이 아니다. 삶을 가로막는 장애물들을 일소할 수 있는 돌파구를 만들어줄 수 있는 수단의 성격을 갖고 있다. 브레이크스루 골을 이해할 때 꼭 확인해야 할 점이다.

그래서 잭 캔필드는 미국 전역으로 송출되는 라디오방송 출연과 저서의 베스트셀러 진입을 브레이크스루 골로 설정하였다. 나 역시 저서출판과 베스트셀러를 만드는 것이 브레이크스루 골이다. 사람에 따라서 학위취득이 될 수도 있다. 단지 거대한 목표만을 말하는 것이 아니라는 점을 다시 한 번 강조하고 싶다.

브레이이크스루 골은 자신을 원하는 인생으로 끌어 올려 주는 동아줄 역할을 할 것이다. 현재 삶을 벗어나고 싶은 마음이 간절하다면 가장 먼저 점검해 봐야 할 것은 딱 한 가지이다. 당신 인생의 모든 것을 완전히 바꿔버릴 목표, 그렇기 때문에 인생의 모든 것을 다 걸고서라도 반드시 이루고 싶은 단 하나의 목표.

나는 지금 브레이크스루 골을 갖고 있는가?

Worksheet 6

브레이크스루 골을 만들어라

The Success Principles No.7 Create a Breakthrough Goal

큰 꿈을 갖는 것이 작은 꿈을 갖는 것보다 더 많은 노력을 해야 되는 것은 아니다.
"It doesn't take any more energy to create a big dream than it does to create a little one."

브레이크스루 골은 당신의 인생을 완전히 다른 단계로 높여 줄 **수단**이다.
삶의 모든 영역을 퀀텀점프하게 만들어줄 단 하나의 목표는 무엇인가?

나의 브레이크스루 골은 _____ 이다.

ex) 나의 브레이크스루 골은

2022년 7월 9일 6PM까지 저서 『빅윈7』 책을 10만 부 베스트셀러로 만드는 것이다.

나의 브레이크스루 골은

2022년 5월 29일 3PM까지 유튜브 구독자 수 10만 명을 달성하는 것이다.

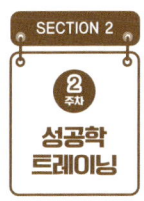

2) 목표를 부순다

지금까지의 과정을 거치면서 중요한 목표 설정은 모두 마쳤을 것이다. 드디어 인생의 여정을 새로운 이정표를 갖고서 출발할 시간이다. 그런데 출발하기에 앞서 내가 지금 설정한 목표를 과연 이룰 수 있을까 의구심이 생길 수도 있다. 그러한 경우를 위한 한 가지 팁이 있다. 목표를 잘게 나누는 것이다. 최종 목표의 크기를 작게 하여 단계적으로 달성해가면 된다. 큰 목표를 한 번에 달성하는 것이 엄두가 나지 않는다면 그것을 작게 부수면 된다.

어린이들에게 큰 알약을 단번에 삼키는 것은 어렵다. 그래서 알약을 부숴서 곱게 입자로 만들어서 준다. 그러면 여러 번 먹어야 할 수도 있지만 어쨌거나 약을 먹는 데 성공할 수 있다. 목표도 마찬가지다. 목표를 여러 단계로 나누는 것을 'MTO 기법'이라고 한다. 가장 작은 목표는 미니멈목표(Minimum Goal)라고 한다. 이것은 본래의 목표보다 작고 쉽게 달성할 수 있는 것이다.

가령 당신이 와인마니아라고 해보자. 처음부터 와인셀러나 저장고를 두려고 하면 부담이 되어 의욕이 꺾일 수 있다. 그래서 와인 한 병과 간단한 액세서리를 구비하는 것으로 시작한다. 큰 어려움 없이 누구나 달성할 수 있는 목표다. 하지만 이 목표를 달성하고 나면 자신감이 붙는다. 그리고 나름의 노하우와 지식도 쌓여간다. 바로 이 점을 이용하는 것이다. 사람에 따라, 상황에 따라 약간 더 높은 미니멈목표를 더 설정하고 달성해도 된다. 그다음은 '타겟목표(Target Goal)'이다. 사실 타겟목표가 진짜 원하는 목표이다. 미니 와인셀러 정도를 구비하는 것 정도가 될 수 있겠다. 이제 타겟목표를 달성하기가 한결 쉬워졌을 것이다. 왜 그럴까? 이미 이와 같은 목표들을 달성해왔기 때문이다. 다만 조금 덩치가 커진 것뿐이다. 그동안 목표를 달성하면서 쌓은 노하우와 인적네트워크를 이용한다면 타겟목표달성은 시간문제일 뿐이다.

타겟목표까지 달성했다면 다음은 거대한 목표(Outrageous Goal)까지 넘볼 수 있다. 완벽히 갖춰진 커다란 와인셀러일 수도 있고 와인 바까지도 생각해볼 수 있다. 그러나 이제는 이렇게 거대한 목표도 자신감 있게 도전할 수 있게 되었다. 처음부터 곧바로 이러한 목표를 바라보았을 때는 위압감을 느꼈을 테지만 지금은 그때와 천양지차(天壤之差)다. 당신에게는 목표를 이룰 수 있는 지혜와 지식이 충만하다. 와인 바를 마련하는 것조차도 시간문제일 뿐이다.

마치 컴퓨터 게임의 캐릭터를 키우는 느낌이 들 정도이다. 현실 세계에 똑같이 적용된다. 게임을 처음 시작하면 작은 미션들부터 하나씩 완료하여 자신의 능력수치를 높여 나간다. 목표를 설정하고 달성하는 과정도 이와 흡사하다. 인생도 게임처럼 재미있게 살 수 있는 것이다.

위대한 성공을 거둔 대가들이 처음부터 그렇게 되었을까? 그런 경우는 거의 없다. 성공한 이들도 애송이였던 시절이 있었고 사람들에게 무시받기도 하였다. 하지만 이에 굴하지 않고 차근차근 목표를 달성한 순간들을 모아 나갔을 뿐이다. 의외로 풋내기 시절은 생각만큼 길지 않을 수 있다. 남들이 머뭇거리는 사이에 열심히 작은 성공을 축적하는 사람들이 있다. 조금씩 쌓인 성공의 에너지들은 임계점에 도달하면 순식간에 폭발한다. 소위 말해 뜨는 것이다. 이렇게 작은 성공들이 모여서 큰 성공을 만든 것이다.

　사람들은 이때부터 관심을 갖기 때문에 오해하기 쉽다. 작은 성공의 단계를 차근차근 밟아 왔다고 생각하지 않기 때문이다. 하루아침에 현재의 모습으로 탄생했다고 생각한다. 그래서 무조건 처음부터 큰 목표를 달성해야 된다는 부담감에 지레 겁먹고 아예 시작도 못 하거나 욕심을 앞세워 무리한 시도를 하기도 한다.

　사람들이 모르는 비밀은 미니멈목표부터 달성하는 것에 있다. 작은 성공들로 자신감과 실력을 차근차근 쌓아가는 것이다. 작은 성공이라고 가볍게 보면 안 된다. 쌓일수록 보다 큰 성공을 위한 디딤돌 역할을 한다. 미니멈 목표들을 하나씩 달성했다면 이미 성공의 가도를 달리고 있는 것이다. 왜냐하면 처음부터 큰 목표에 대한 압박에 쉽게 포기해버려서 꿈조차 못 꾸는 사람들이 대다수이기 때문이다.

3) 비전 공유

  목표설정의 가장 마지막 단계는 선언 또는 공유하는 것이다. 그러나 대부분 선언하기를 꺼려 한다. 그 이유로 비현실적이다, 너무 개인적이다, 이기적으로 보일 것 같다, 이상하게 보일 것 같다, 너무 큰 목표이다, 너무 작은 목표이다, 비판 받을 것 같다 등등을 이야기한다. 실제 트레이닝에서 답변을 들어보면 한 분도 빠짐없이 입을 맞춘 것처럼 위의 이유를 말한다. 너 나 할 것 없이 자신의 목표에 대해서 똑같은 느낌을 갖고 있는 것이다.

  알아야 할 것이 있다. 설정한 목표들을 살펴보자. 분명히 세상에 둘도 없는 나만의 '특별한 목표'라고 여기고 있을 것이다. 그러나 그 목표는 누구나 원하고 있었고 지금도 누군가 바라는 목표였다는 것을 알고 있는가? 신기하게도 사람들의 목표는 의논하고 맞춘 것도 아니지만 비슷하다. 경제적 자유와 여가생활을 원하고 물질적인 것들(집, 차)을 우선적으로 설정한다. 같은 꿈을 꾸고 있다는 것이다. 재정적 영역을 예로 들면 얼마를 벌겠다, 무슨 차, 무슨 집을 갖겠다는 것 말고 다른 소원을 갖고 있는가? 혹시 국내외에서 굶주리고 있는 아이들의 재정적 자립, 대한민국 재정건전화, 경기침체에 대응할 수 있는 서민경제 활성화 등의 목표를 갖고 있다면 그것은 당신만의 특별한 목표가 될 수 있다. 이와 같은 목표를 정한 사람은 거의 없을 것이기 때문이다. 대부분은 자신을 위한 것들로 구성되어 있고 그중에서도 재정과 물질적인 것들에 매우 치우쳐 있다. 지금 내가 적은 목표들을 다시 한번 천천히 살펴보면 깨달을 수 있다.

하지만 그 누구도 이러한 목표들을 보면서 이상하게 생각하거나 비판하지 않는다. 자신들도 동일한 목표를 갖고 있기 때문에 오히려 동질감을 느낄 수 있을 것이다.

목표를 공유하는 것에는 다음과 같은 이점이 있다.

첫 번째는 도움을 받는다. 지원을 받을 수 있다. 내 목표를 구체적으로 알게 된 사람들은 당신을 쉽게 도울 수 있다. 간단한 정보, 노하우, 인맥 연결 등으로 손쉽게 도움을 줄 수 있다. 도움을 주는 사람들 입장에서는 크게 어려운 일들이 아니다. 그런데 그들이 지나치듯이 베푼 호의가 내게는 엄청난 힘이 될 수 있다. 사람들이 자신에게는 사소한 것으로 여겨 알려준 수단들이 내 꿈을 이룰 수 있도록 꼭 필요한 디딤돌이 될 수 있다. 만약 상대방의 목표가 무엇인지 모른다면 지원하고 싶어도 도울 수가 없다. 큰 목표일수록 사람들의 힘이 많이 필요한 목표일수록 반드시 알려야 한다.

두 번째는 선언효과이다. 아무도 목표를 달성하지 못했다고 하여 뭐라 할 사람은 없다. 그러나 나에게는 보이지 않는 약속이라고 여겨진다. 다소의 압박감까지 생긴다. 마감기한이 설정되어 있어 곧바로 행동을 유발하게 된다. 강력한 동기부여로 작용될 수 있다.

세 번째는 믿음의 효과이다. 비전을 공유할 때마다 당신의 잠재의식에 깊게 새겨진다. 목표들이 충분히 가능하다고 믿게 된다. 계속 알릴수록 점점 구체화되어 간다. 다른 사람들과의 의견 교류를 통해서 목표가 세밀하게 조정되고 명확해진다. 현실성이 더해진다. '내 목표는 ○○이다.'라고 알릴 때마다 겪게 되는 일들과 감정을 실제로 체험해보기를 권한다. 믿음이 더욱 강화된다. 잠재의식은 목표를 달성하기 위해 재조직되고 본격적인 활동을 시작한다. 성공(목표달성)을 위한 가속페달을 힘차게 밟게 되는 것이다.

그런데 목표공유를 할 때 주의해야 할 사항이 있다. 일부 사람들이 오해하고 있는 부분들도 있다. 자신의 꿈을 비밀스럽게 다뤄야 하고 누구에게도 알려져서는 안 된다고 여기는 것이다. 일부 책에서도 자세한 이유가 없이 위와 같이 쉽게 오해할 수 있도록 기술되어 있는 것을 보기도 했다. 이것은 그 이유에 대해서 정확히 알지 못해서 생기는 오해다.

목표를 알리게 되면 분명 그것이 '어떻게' 가능한가에 대해서 토론을 빙자한 사실상 비판이 오가게 된다. 그 과정에서 믿음을 약화시키고 의욕이 꺾인다. 근거 없는 비판이 목표달성에 오히려 해가 된다. 그들이 비판할 때 자주 꺼내는 말은 바로 '어떻게'이다. 이 '어떻게'라는 단어를 주제로, 이슈로 하여 우리가 소망조차 품지 못하도록 단단히 가로막는다. 그렇지만 조금 더 생각해보자. '어떻게' 그것이 가능한가를 따지면 이 세상에 가능한 일들은 아무것도 없었다.

목표를 공유할 때 불가능하다며 공격하는 이러한 사람들을 특별히 '꿈도둑'이라 지칭한다. 이들은 당신이 자신들과 같은 수준에 머물러 있기를 원한다. 그래서 당신이 목표를 달성하려고 하면 경악하며 자신들의 수준으로 끌어내리려고 한다. 매사에 부정적인 태도로 일관한다. 이들에게 비전을 공유한다면 당신의 꿈은 싹을 틔우기도 전에 철저히 짓밟히고 만다. 그들이 생각하기에 당신의 목표가 불가능한 이유는 수백 가지가 넘는다. 될 이유를 찾는 것이 아니라 안 될 이유를 찾아낸다. 없다면 만들어 낸다. 그래서 꿈도둑에게 목표를 공유하면 안 된다.

그리고 한 가지 더 오해하고 있는 점이 있다. 다른 사람들의 관심과 시선이 목표달성을 위한 잠재의식 활성화에 방해가 된다는 것이다. 실제로 다른 사람들의 의지와 시선 에너지가 영향을 미칠 수 있다. 이와 같은 경우를 쉽게 찾아볼 수 있는 것이 스포츠 경기장이나 콘서트 장이다. 이곳에는 에너지들이 밀집되어 있다. 바라보는 것, 관심 갖는 것에 생각에너지가 전달되고 이에 따라서 따라서 변한다. 이 현상은 빛의 이중성 실험이 대표적인 예가 될 수 있다. 빛의 속성을 판단하는 실험을 하였는데 실험자의 의도에 따라서, 실험 방식에 따라서 정반대의 성질을 보여주었다. 과학계는 결국 '빛은 입자성과 파동성을 동시에 지니고 있다.'라고 결론 내었다. 당시에는 받아들이기 힘들었다. 빗대어 표현하자면 어느 한 사람을 두고서 '당신은 남자이면서 여자이다.'라는 것과 비슷할 정도로 충격적인 사실이다. 우리가 항상 접하는 거시적 세계에서는 이해하기 어려운 일이지만 작은 세상(에너지)를 다루는 양자역학에서는 이와 같이 일반적인 물리적 상식을 깨는 일들이 많다.

요지는 사람의 관심이 집중되는 것에 에너지가 모이고 그것에 따라 대상의 성질이 바뀔 수도 있다는 것이다.

당신의 꿈이 타인의 영향을 받으려면 상대방 또한 당신의 목표에 대해서 상당한 집중을 해야 한다. 대다수의 사람들은 당신의 꿈에 대해서는 별로 관심이 없다. 당신이 짚어주고 도움을 요청해야 신경 써줄까 말까 한다. 이것이 현실이다. 당신도 다른 사람들의 목표와 꿈들에 대해서 집중하고 에너지를 쏟은 적이 있는가? 거의 없을 것이다. 그렇다면 다른 사람들의 영향을 받을까 불안해할 필요가 없다. 괜한 기우만 될 뿐이다.

목표설정의 완성은 '공유'에서부터 시작한다. 사람들의 든든한 지원으로 더 빠르고 더 쉽게 성공(**목표달성**)할 수 있는 간단한 방법이 바로 '목표공유'이다.

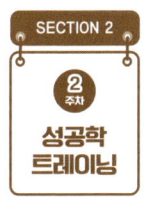

4) 나를 믿는 힘

어떤 조사에서 성공한 사람들의 공통적인 자질을 단 한 개로 압축했다. 그것은 바로 자신감이었다. 자신감은 어떤 일이든 결과를 완전히 바꿔 놓을 수 있는 중요한 요소로 평가받고 있다. '자신감', 즉 '나에 대한 믿음'은 목표달성을 위한 행동에 착수하기에 앞서 반드시 짚고 넘어가야 할 부분이다. 그리고 강하게 다져야 한다. 나를 믿는다는 것은 내가 설정한 목표가 달성될 것을 믿는다는 것으로 연결된다. 자신감의 참뜻은 나에게 이 일을 할 수 있는 능력이 있다는 것을 믿는 것이다.

많은 사람들은 남을 믿는 것이 아니라 자신을 믿으라고 하는데도 믿지 못한다. 다른 사람보다도 자기자신을 더 믿지 못하는 것이 성공하지 못하는 강력한 걸림돌로 작용한다. 가장 먼저 자신이 성공(목표달성)할 수 있다고 믿어야 무슨 일이든지 추진이 가능하다. 어떤 일도 자신감이 없다면 시작조차 하지 못한다.

자신삼을 갖기 위해서는 누구든 원하는 것을 가질 수 있고 이룰 수 있는 창조적인 힘이 있다는 것을 먼저 깨달아야 한다. 이 힘은 자원, 정보, 사람을 끌어들일 수 있고 필요하다면 도구를 만들어낼 수도 있다. 우리가 원하는 어떤 것도 만들어낼 수 있다. 그렇기 때문에 역사상 수많은 위대한 일들이 충분히 가능했던 것이다.

기초가 튼튼하지 않은 구조물들은 금방 무너져 내린다. 내가 설정한 목표가 달성된다는 강력한 믿음 없이 추진하는 일들은 사상누각(沙上樓閣)이 될 뿐이다. 자신감이 없으면 쉽게 포기한다. 장애물에 쓰러져도 일어나지 못한다. 더구나 자신감이 부족한 사람 옆에서는 아무도 함께 하려고 하지 않는다.

스스로 충분히 할 수 있다고 믿는 것(자신감)은 충분히 만들 수 있다. 추천하는 방법은 확언(Affirmation)이다. 목표에 대한 확언 못지 않게 자신감을 갖기 위한 확언도 중요하다. 오히려 목표확언보다 선행되어야 한다. 자신감을 갖기 위한 최고의 도구 중 하나가 확언이다.

확언으로 자신감을 만드는 것은 한두 번의 반복으로 '아, 그렇구나 내가 그런 힘이 있구나' 하고 그냥 넘어가는 것이 아니다. 단순지식으로 받아 들이는 것에 그치면 안 된다. 트레이닝은 학문이 아니다. 철저히 연습(Practice)이다. 지속적으로 자신감을 불어넣는 확언을 해야 한다. 표면의식에서 멈춰버리면 안 되는 것이다. 잠재의식까지 깊숙이 침투해야 한다. 그래야지만 내 안에 잠들어 있는 능력을 깨울 수 있다. 그 결과 의식하지 않고 자연스럽게 자신감이 내재되어 어려운 일에도 믿음을 잃지 않는다. 믿음은 이러한 노력이 없으면 갖기 어렵다.

얼핏 보기에 무모해 보이는 일을 척척 해내는 사람이 있다. 보통 사람이라면 자신이 할 수 있었다고 믿었을까? 일반인들은 쉽게 자신의 힘을 믿지 않는다. 그래서 자신에게 내재된 힘을 깨우려 하지도 않고, 사용법을 배우려 하지도 않는다.

잭 캔필드와 그의 멘토이자 미국 〈포춘〉지 선정 50대 부자인 W.클레멘트 스톤의 대단한 성공들은 모두 자신에 대한 믿음에서 출발하였다. 나 자신에게 무엇이든지 가능하게 만들 수 있는 힘이 있다는 믿음에서 지금의 그들을 만들었다.

엘론 머스크(Elon Reeve Musk)는 괴짜 CEO로 잘 알려져 있다. 당시 엘론의 목표들은 엉뚱하고 불가능한 것으로 평가를 받았었다. 하지만 지금은 그 목표들을 달성하여 사람들의 존경을 받고 있다. 그의 활약을 들여다보면 도대체 이런 사람이 있을까 싶을 정도다. 그의 이력은 소설 같다. 전 세계 온라인결제 시스템을 장악한 페이팔(PayPal)을 창업하여 이베이에 15억 달러에 매각한다. 그는 이미 억만장자가 되었음에도 여기에서 멈추지 않고 매각금을 이용하여 민간 우주개발 기업체인 스페이스X와 전기자동차 회사인 테슬라를 다시 창업했다. 페이팔을 창업할 당시 인터넷상에서 돈을 결제한다는 생각을 말도 안 된다고 했었다. 직접 물건을 볼 수 없고 대금을 지불할 상대방도 모르는데 누가 이용하겠냐는 것이었다. 지금은 위와 같은 말을 하는 사람이 바보인 세상이 되었다.

전기차를 개발한다고 할 때는 어떠했을까? 민간이 우주 개발을 하겠다고 할 때는 어떠했을까? 모두 불가능하다고 했다. 그러나 현재는 멋지게 두 사업을 잘 이끌어가고 있다. 스페이스X는 일부 기술을 나사(NASA·미국 항공우주국)와 협업하고 있다. 테슬라의 전기차는 예약판매부터 매진이다.

그가 했던 일들은 전례가 없던 일이었다. 도대체 무슨 생각으로 도전할 수 있었던 것일까? 무엇이 이런 일을 하도록 만들었을까? 그것은 바로 자기 자신에 대한 믿음이었다. 자신이 이 일을 충분히 할 수 있다는 믿음, 아무도 한 적이 없는 일이지만 나는 할 수 있다는 강한 자신감에서 이 모든 일들이 가능했던 것이다.

『놓치고 싶지 않은 나의 꿈 나의 인생(Think and Grow Rich)』의 저자 나폴레온 힐은 "당신이 마음에 새길 수 있거나 가능하다고 믿는다면 그것이 무엇이든지 성취할 것이다(Whatever the mind can conceive and believe, it can achieve)."라고 했다.

시어도어 루즈벨트 미국 전 대통령도 같은 말을 했다. "할 수 있다고 믿어라. 그러면 반은 성공한 것이다(Believe you can and you're halfway there)."

권투선수 무하마드 알리도 말했다. "내 마음속에 품을 수 있고 가능하다고 믿는다면 나는 그것을 성취할 수 있다(If my mind can conceive it, and my heart can believe it - then I can achieve it)."

마지막으로 자동차왕 헨리포드의 명언을 하나 더 인용하겠다. "할 수 있다. 혹은 할 수 없다. 당신 말이 모두 맞다(Whether you think you can, or you think you can't, you're right)."

이렇게 많은 역사 속 위인들이 자신에 대한 믿음을 강조하고 있다. 페이팔, 스페이스X, 테슬라 모터스 같은 사업을 생각했던 사람이 엘론 머스크가 유일했을까? 알 수 없다. 하지만 한 가지 분명한 것이 있다. 엘론 머스크는 이 사업들이 분명히 성공한다는 자신감을 갖고 임했다는 점이다.

엘론 머스크만 특별한 사람이라서 자신에 대한 믿음이 강했던 것일까? 우리 개개인은 모두 특별한 존재다. 우리는 우연히 만들어진 존재가 아니다. 기쁨을 위해서, 행복을 위해서, 원하는 것을 창조하고 경험하기 위해서 세상에 태어났다. 이와 같은 사실을 인식하면 강한 자신감을 가질 수 있을 것이다. 자신감을 꾸준히 유지하는 방법은 지속적으로 아래와 같은 '확언'을 하여 잠재의식까지 각인시키는 것이다.

"나 ○○○은 자신감 충만한 모습으로 완벽한 성공을 창조하고 있다."

"나는 편안하게 사용하는 무한한 힘을 갖고 있다(I have unlimited power at my disposal)."

"내 삶은 내가 다스린다. 넘치는 자신감을 갖게 되어 감사합니다!"

자신의 상황에 맞도록 수정해서 사용하면 된다. 제일 좋은 연습은 거울을 보며 큰 소리로 외치는 것이다. 상황이 여의치 않으면 글로 쓰거나 마음속으로 계속 자기암시를 해야 한다. 40일 후 거울 안에는 어느새 사자를 연상시키는 용맹스런 눈빛으로 서 있는 자신을 발견할 것이다. 거울 속에서 한 마리의 맹수를 발견할 때까지 해보자. 특히 기상 직후와 취침 직전에는 꼭 실천하기를 권한다. 읽기만 하면 지식으로 끝나지만 실천하면 인생이 바뀐다. 성공하는 데 있어 그 어떤 기법보다 자신이 '성공할 수 있다고 믿는 것'이 우선이다. 이 단계가 완성되어야 다른 방법으로 넘어갈 수 있다.

다음에 소개하는 거울 실습(The Mirror Exercise)으로 확언을 활용하여 자신감을 만드는 방법을 소개하려고 한다.

거울 실습(The Mirror Exercise)

거울은 자신감을 만드는 가장 간단한 성공 도구이다. 동시에 자신에게 사랑을 표현할 수 있도록 도와주는 강력한 도구이다.

거울 실습은 자신감을 만들고 자기사랑을 실천할 수 있는 간단하지만 굉장히 효과적인 실습법이다. 잭 캔필드 선생님의 석세스프린서플뿐 아니라 루이스 헤이 선생님의 치유기법들 중 대표적인 기법으로 활용될 정도로 사랑받으며 탁월한 성과를 만들고 있다.

교육생 중 한 분은 육류를 취급하는 요식업을 하고 계셨는데 거울 실습 이후 매출이 크게 늘었다. 여기서 재미있는 것은 매장 직원들에게 거울 실습을 가르쳤는데 이 실습을 배우고 매장에서 그대로 적용한 직원이 근무하는 날에는 손님들도 많고 서비스 만족도와 매출 역시 높았다. 그러나 거울 실습을 실천하지 않은 직원이 근무하는 날에는 손님도 적을뿐더러 매출도 낮았다. 신기한 일은 여기서 그치지 않는다. 교육생 자신도 거울실습 후 다음 날 자고 일어나 발에 스치는 이불이 부드러워 살펴보니 피부트러블이 말끔히 사라졌다는 것이다.

상세내용 : https://cafe.naver.com/ohsuccessday/2874

거울 실습 사례는 여기에서 그치지 않는다. 거울 확언을 하는 사람이 커피숍 매장의 직원인 경우도 있었는데 거울 확언을 시작한 교육 2주차부터 해당 커피숍 매장에 자신이 근무할 때 손님들이 부쩍 많아지고 상관인 매니저와의 사이도 좋아져 칭찬을 받을 뿐 아니라 서비스도 좋아져 고객에게도 칭찬을 받게 된 사례도 있다.

경험에 비추어 볼 때 거울 실습은 지금까지 성공학 교육을 하면서 가장 즉각적으로 효과가 나타나는 실습으로 느끼고 있다.

육안으로 확인되는 외면의 변화로서 가장 많이 드러나는 것은 피부의 변화가 있다. 장기간 용하다는 병원을 다니고서도 낫지 않았던 피부병이 치유되기도 한다.

얼굴에 생기와 윤기가 도는 것은 거의 누구나 아주 쉽게 나타난다.

거울 확언을 하고 나서 미워하는 사람을 용서하고 여기에 그치지 않고 매일 밤마다 그를 위해 기도하게 된 사례도 있다.

거울 실습이 작동하는 원리와 방법은 다음과 같다.

우리는 평소 나 자신을 너무나 사랑하고 있다. 그래서 내가 무언가를 더 크게 성취하거나 더 잘하거나 더 낫기를 바란다. 이와 같은 기대는 나를 사랑하는 마음에 비례하여 더욱 커지지만 그럴수록 더욱더 기대에 부응하기 어려워진다. 기대에 못 미치는 결과를 보게 될 때마다 자신에게 부정적인 혼잣말을 하게 된다. 자신을 비하하거나 비판하는 등의 부정적인 혼잣말을 자신감을 없앤다. 그리고 감정의 레벨이 점점 떨어져 진정한 자기 사랑과는 거리가 멀게 된다. 이것이 우리가 평소에 나를 대하는 태도이다. 우리가 삶에서 겪게 된 수많은 일들은 자신에게 부정적인 말(Self-Talk)을 한 결과이다. 자신을 보다 채찍질하고 밀어붙였지만 삶에 나타난 결과는 참담하기 만하다.

E+R=O이다. 결과를 바꾸고 싶다면 반응을 바꿔야 한다. 지금과 반대의 결과를 얻고 싶다면 반응을 반대로 바꿔야 한다. 거울 실습은 위에서 언급한 반응과는 정반대로 한다. 지금까지 자신에게 한 말과 반대되는 말

을 거울을 보며 자신에게 해주는 것이다.

　부정적인 혼잣말을 거울을 마주하면서 자신의 모습을 있는 그대로 보고 사랑하고 격려하는 긍정적인 확언을 통해 자신감을 만드는 것이 목적이다.

　취침 전 거울 앞에서 자신의 눈을 똑바로 보며 이름을 부르고 그날 하루의 성취와 지켜낸 규칙들과 이겨낸 유혹들에 대해서 인정하고 칭찬하고 받아들이는 것이다.

　잘못한 일이 아니라 잘한 일에 초점을 맞추는 것이 핵심이다. 그리고 마지막에 자신에게 사랑한다는 말을 건넨다.

매일 밤 취침 전 거울 앞에 감사한 마음으로 선다.

눈을 똑바로 쳐다보며 자신 이름을 부른다.

"○○아 나는 너에게 아래의 것들을 이루고 지키고 이겨내서 정말 감사해."
모든 성취(직업, 재정, 가정, 개인, 감정, 교육…)
모든 규칙(운동, 명상, 방송…)
모든 유혹(디저트, 음주, 오락, 인터넷…)

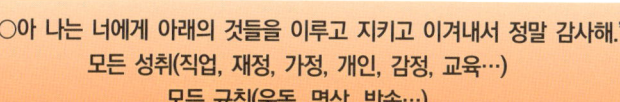

I really love you 나는 정말 너를 사랑해.
심호흡을 하면서 그대로 받아들인다. 눈을 끝까지 쳐다본다.

♥ 최소 40일간 지속 – 최고의 효과를 얻으려면 1년 동안 매일 해야 한다.
♥ 처음엔 부끄럽고, 적응되지 않을 것이다. 감정의 동요나 불편한 느낌이 들 수도 있다. 익숙하지 않는 것들을 하기 때문에 이것은 당연한 것이다.
♥ 지금까지 자신을 칭찬하고 응원·격려하는일은 거의 하지 않았다. "그렇게 하면 안… 틀렸잖아. 그런 식으로 굴지 말아" 등의 비판이 그동안 자신에게 한 말이었다.

자신감 포즈 (The Power Pose Exercise)

'파워포즈'라고도 불리우는 자신감 포즈는 자신감을 만드는 또 다른 강력한 도구 가운데 하나이다. 대다수 사람들은 몸과 마음을 분리해서 생각한다. 그래서 자신감을 높일 수 있는 방법을 찾아보라고 하면 심리적인 요소이니 심리적으로 조치할 수 있는 방법들을 찾아보려고 한다. 하지만 몸과 마음은 연결되어 있으며 전체적인 관점에서 볼 때 분리되지 않은 하나의 요소이다. 그렇기 때문에 몸의 변화가 마음에 영향을 미치며 마음의 변화가 몸에 변화를 미친다.

이를 전적으로 이용한 것이 바로 자신감 포즈이다. 마음과 몸이 서로 영향을 주고받는다는 사실에 입각하여 몸에 변화를 준다면 마음도 영향을 받는다는 것을 적극 활용한다. 방법은 간단하다. 자신감 있을 때 취하는 자세(포즈)를 먼저 취하는 것이다. 이 포즈의 특징은 팔과 다리를 최대한 펴는 것이다. 자신감 있을 때 어떤 자세를 취하는지 떠올려보고 그대로 활용하면 된다. 성공법칙 '이미 성취한 듯이 하라(Act As If)!'와도 일맥상통한다.

창조의 법칙 핵심은 진동수(느낌-feeling, 감각)인데 자신감 있는 느낌을 취하면 그와 본질적으로 동일한 것들이 삶 속에 나타나게 된다. 자신감 포즈로서 자신감 있을 때의 감각을 만들어 심적으로도 자신감 있는 상태를 이끌어내는 것이다.

자신감포즈를 번갈아 가며 3가지 포즈를 각 10초간 취해본다. 그리고 내면의 상태를 유심히 살펴본다. 30초만에 자신감이 훨씬 커진 자신을 발견할 수 있을 것이다.

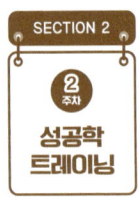

5) 돈에 대한 브레이크

'Money doesn't grow on trees(돈은 나무에서 자라지 않는다)'는 돈에 대한 브레이크가 작동하는 대표적인 예일 것이다. 우리나라에서는 이와 비슷하게 '돈은 땅을 파서 나오지 않는다'와 같이 말을 한다. 이와 같은 말들은 돈에 대한 부정적인 인식을 심어준다. 정말 어렵고 힘든 노동을 통해서 벌어야 한다는 고정관념을 심어준다. 금전적인 부분에서 가장 큰 브레이크로 작용하여 부자가 되는 것을 막는다.

잭 캔필드조차 어린 시절 아버지에게 같은 말을 들었다. 그의 아버지는 부자들은 모두 나쁜 사람들이며 부정한 방법으로 돈을 번다고 그를 교육했다. 그래서 돈을 버는 것은 어렵고 힘든 일이며 삶은 늘 고통스러운 것이라는 인식이 젊은 시절의 그를 늘 가난하게 만들었다. 그러나 그의 잘못된 믿음은 W. 클레멘트 스톤을 멘토로 만나면서 완전히 변하게 되었다. W.클레멘트 스톤은 〈포춘〉지 선정 미국 50대 부자이며 미국에서 보험제국을 만들어 자수성가한 입지전적인 인물이다. W.클레멘트 스톤은 잭에게 믿음의 한계를 깨고 만약 달성된다면 스스로도 놀랄 만한 목표를 정하라고 한다. 그리고 '상상할 수 있는 것은 무엇이든 성취할 수 있다.'라는 말을 명심하고 자신감을 갖고 시작하라고 동기를 불어넣어 주었다. 그래서 잭은 목표를 연 10만 달러를 버는 것으로 정한다(당시 그의 연 수입은 겨우 연 8,000달러였다).

잭이 연 수입 10만 달러를 달성하겠다고 결심하는 순간 그의 믿음의 한계는 완전히 깨져버렸다. 일년에 10만 달러를 벌 수 있다는 것이 가능하다는 새로운 믿음이 그 자리를 대신하게 된 것이다.

이후 10만 달러를 벌 수 있는 아이디어와 기회가 기다렸다는 듯이 찾아오기 시작한다. 결국 그해 정확히 92,327달러를 벌고 만다.

그리고 여기서 그치지 않고 곧바로 이듬해 백만 달러를 목표로 정하였다. 그는 현재 자신의 저서들과 트레이닝으로 매년 100만 달러 이상의 수입을 만들고 있다. 1년에 8,000달러를 벌어야 한다는 브레이크(믿음의 한계)를 풀자 10만 달러를 벌 수 있는 영감이 떠올랐고 실행에 옮겨 목표를 달성하였다.

어릴 때부터 자주 듣거나 보았던 말과 환경을 바탕으로 형성된 사고방식들은 어른이 되어서도 변함없이 강한 브레이크로 작동하고 있다. 어른이 된 우리들 또한 별다른 생각 없이 아이들에게 잘못된 가르침을 주는 경우가 많다. 우리의 가치관을 형성하는 데 결정적인 영향을 미친 어른들처럼 말이다. 그 어른들도 어린 시절 똑같은 방식으로 내면의 고정관념이 만들어졌을 것이다. 잘못된 신념이 다음 세대로 대물림되고 있다. 어렵게 일해서 돈을 벌어야 한다는 브레이크는 노동을 할 수 없는 사람들에게는 가난을 가져온다. 어렵게 일하지 않으니 돈을 벌 수 없다는 생각(브레이크)이 현실이 되기 때문이다. 노동을 하는 사람에게도 지속적으로 힘든 노동을 해야 현재 삶을 유지할 수 있다고 여기게 만든다. 그래서 평생을 같은 자리에서 벗어날 수 없다. '피땀 흘려 일해서 돈을 벌어야지.'라는 브레이크가 많은 사람들의 가슴속에 자리잡고 있다.

이와 같은 브레이크를 없애기 위한 증거를 찾는 것은 어렵지 않다. 먼저 주변을 살펴보면 잘 알 수 있다. 삶의 여유가 많을수록 더 많은 수입을 가져가고 있다는 것을 말이다. 그리고 존 D. 록펠러의 다음 격언을 진지하게 고찰해보자.

"하루 종일 열심히 일만 하는 사람은 돈 벌 시간이 없다."
"He who works all day, has no time to make money."

어떤 사람은 몸이 부서져라 일하는데도 돈 걱정에 시달린다고 한다. 왜 그럴까? 바로 '몸이 부서져라 일하는 것'이 원인이다. 몸이 부서지도록 일해야 한다는 브레이크가 옥죄고 있어 더 나은 방향과 행동을 하도록 만들 아이디어, 정보, 지혜를 얻고 활용할 시간이 없다. 돈을 더 벌 수 있는 기회를 맞이할 시간이 없는 것이다. 다른 사람이나 기관의 도움을 받아 개선할 수도 있음에도 그러한 시도조차 할 여유가 없다.

쳇바퀴를 돌리고 있는 다람쥐를 떠올려 보면 더 이해하기 쉬울 것이다. 다람쥐는 쳇바퀴를 벗어나고 싶어 '몸이 부서져라' 바퀴를 돌리며 뛰는데도 계속 제자리에 머물러 있다.

삶의 목적을 찾고 이를 기준으로 목표를 설정하여 목표를 달성하기 위해 성공법칙들을 삶에 적용하기 위해서는 여유가 필요하다. 시각화, 확언, 명상, 마스터마인드그룹 등이 모두 위 존 D. 록펠러 격언에서 강조했었던 '돈 벌 시간(Time To Make Money)'에 해당한다. 영감과 노하우, 인적네트워크를 바탕으로 새로운 부가가치를 창출하여 성장할 시간이 필요한 것이다. 그래서 브레이크가 없는 사람은 같은 시간에 더 가치 있는 일을 할 수 있는 것이다.

나 역시 돈에 대한 브레이크를 제거하고 '하루 종일 열심히 일을 해야만 해서 돈을 벌 시간이 없는' 대기업을 사직하게 되었다. 사람들에게 성공과 행복을 선물하고 그 대가로 나 또한 성공과 행복을 돌려받고 있다.

재미있는 웹툰을 본 적이 있다. 어떤 남자가 짐을 가득 싣고 수레를 끌고 있다. 그런데 그 수레의 바퀴가 사각형이다. 주변 사람은 힘들고 어렵게 수레를 끌고 있는 남자를 위해서 동그란 바퀴를 건네주려고 한다. 그러나 그 남자는 지금 너무 힘들고 바빠 바퀴를 교환할 여유가 없다면서 거절하는 그림이다. 사각형 바퀴로 수레를 끌기 때문에 너무나 힘들게 일할 수밖에 없다. 그리고 끌리지 않는 수레를 조금이라도 더 끌기 위해 온 힘을 쓰고 있기 때문에 바퀴를 교환하는 데 사용할 힘과 여유도 없다. 옆에서 더 나은 바퀴를 건네도 확인해보려는 여유를 가지려고 하지도 않는다.

혹시 아직도 '땀 흘려서 힘들게 일해야 된다'라는 생각 때문에 사각 바퀴를 달고 조금이라도 더 밀기 위해 수레바퀴를 교환할 힘도 생각도 없지는 않은가? 이것이 바로 몸이 부서져라 일하지만 힘들 수밖에 없는 이유이다. 브레이크가 삶을 더 어렵고 힘들게 만드는 이유다.

6) 든든한 성공파트너

　브레이크에 대해서 이해했다면 앞으로 사고 방식과 행동을 바꿔야겠다는 결심을 하게 될 것이다. 그런데 얼마간의 시간이 흘러서 점검해보면 삶이 대체로 변화된 것이 없는 경우가 대부분이다. 책을 읽거나 강의를 들었을 때만 달라졌다고 느끼고 그 이후에 실제로 바뀐 것은 거의 없다. 안전지대에 그대로 있는 것 같고 브레이크들도 그대로인 느낌이다.

　왜 그럴까? 의지가 약해서 그런 것일까?

　그것은 단지 표면의식에서만 변화되었기 때문이다. 일상의 많은 행동들은 습관으로 구성되어 있고 습관은 잠재의식에서부터 자동반사적으로 이루어지고 있다. 어떤 일이 발생하였을 때 잠재의식에 깊이 입력된 사고방식으로 반응한다. 사람들이 흔히 말하는 '무의식 중에 ~을 했다'라는 표현을 할 때가 이런 경우이다.

　안타깝게도 어릴 적부터 만들어진 잘못된 사고방식들은 이미 우리의 잠재의식 속에서 단단히 자리 잡고 있다. 잠재의식 속에 뿌리 깊게 자리 잡고 있는 브레이크(믿음의 한계)들 때문에 변화가 힘들다. 단순히 머리(표면의식)로 이해한다고 해서 사고 방식이 바뀌고 행동양식이 달라지는 것이 아닌 것이다. 이해를 돕기 위해 아래 그림을 보면 표면의식이 평소 파란색이지만 어떤 계기를 통해 빨간색으로 변화했다. 그러나 장벽(브레이크)에 막혀서 잠재의식까지 빨간색으로 바뀌지 못했다.

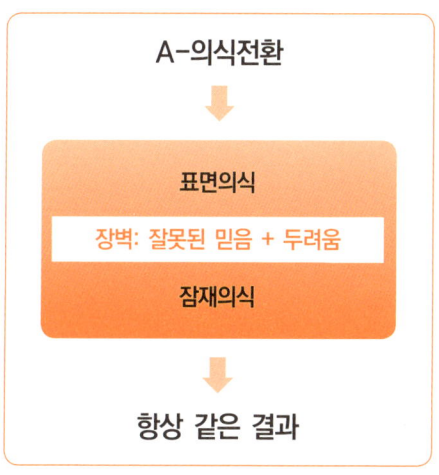

잠재의식은 변화 없이 그대로인 것이다. 그렇기 때문에 삶이 변화되지 못하고 늘 같은 결과를 얻게 된다.

게다가 잠재의식의 힘은 표면의식보다 훨씬 크다. 표면의식과 잠재의식이 서로 반대되는 이미지를 갖는다면 언제나 잠재의식이 승리한다. 사람의 의식구조를 보면 쉽게 이해할 수 있다. 바다 위에 떠있는 빙하를 떠올려보자. 물의 밀도를 '1'이라고 기준을 잡으면 얼음의 밀도는 '0.9' 정도가 된다. 그래서 물 위에 떠 있는 빙하에서 수면 위로 보이는 부분은 전체 빙하 부피의 10%가 된다. 나머지 90%는 물속에 잠겨 있다. 겉으로 보이는 빙하의 9배 부피의 빙하가 물 밑에 있다는 것이다. 잠재의식은 물속에 잠긴 90%의 빙하에 해당한다. 보이지는 않지만 의식의 상당히 많은 부분을 차지한다. 그래서 그만큼 힘도 세고 정보처리량도 엄청나다. 잠재의식에서 변화가 일어나지 않는다면 삶의 변화가 어려운 이유도 그 때문이다.

잭 캔필드는 잠재의식에 내재된 브레이크를 마차를 가운데 놓고 말들이 서로 반대방향으로 끄는 것으로 비유한다. 가령 15마리의 말들로 구성된 A그룹은 마차를 왼쪽으로 끌고 있다. 85마리로 구성된 B그룹은 마차를 오른쪽으로 끌고 있다. 마차는 어디로 끌려 갈까? A그룹은 변화를 원하는 표면의식이다. B그룹은 잠재의식에 내재된 브레이크이다. A그룹은 B그룹을 이길 수 없다. 항상 잠재의식이 원하는 방향으로 끌려 가게 된다.

자기암시로 잠재의식의 힘을 환자치료에 활용한 최초의 의사인 에밀 쿠에 박사는 표면의식을 '의지(will)', 잠재의식을 '상상(imagination)'이라고 하였다. 의지와 상상이 같은 방향을 가리킨다면 그 힘은 단순한 합(표면의식+잠재의식)이 아니라 곱하는 효과(표면의식×잠재의식)가 있다고 말한다. 만약 잠재의식의 사고방식을 표면의식과 일치시킬 수 있다면 결과가 변하는 것은 물론 엄청난 힘을 발휘한다는 것이다.

즉, 역으로 생각해보면 잠재의식 내부에 형성된 그림(Imagination)을 오히려 성공을 가속하는 도구로 활용할 수 있다. 잠재의식의 방향을 목표를 향해서 맞춰놓을 수 있다면 장애물이 아니라 든든한 성공 파트너로서의 역할을 하게 된다는 것이다. 급류타기를 생각해보자. 급류의 방향으로 가는 것은 힘을 들이지 않아도 물살에 의해서 저절로 움직인다. 노를 젓는 것은 단지 힘을 조금 보태느냐 마느냐 정도이다. 그러나 급류 반대방향으로 올라가는 것은 죽기 살기로 노를 저어도 어렵다. 그래서 급류타기라고 하면 당연히 물살방향으로 내려가는 것을 떠올리지 거슬러 올라가는 것을 상상하는 사람은 아무도 없다.

잠재의식을 이와 같은 거대한 물살 같다고 생각하면 된다. 우리 삶에서도 이렇게 크고 강한 물살에 몸을 맡기면 노를 젓는 수고를 하지 않아도 저절로 목적지에 도달할 수 있다. 급류의 힘은 그대로 활용하고 그 방향만 목적에 맞도록 확인하면 되기 때문이다. 사실 잠재의식은 본래 우리가 원하는 대로 방향이 설정되어 있었다. 그러나 오랜 시간 부정적인 영향을 받아 엉뚱한 방향으로 틀어지고 고착된 뒤 브레이크로 막혀 있었을 뿐이다.

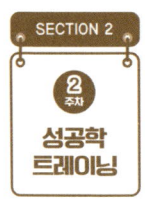

7) 확언으로 푼다

이제 중요한 것은 잠재의식 속에 형성된 사고방식을 바꾸는 것이라는 것을 알았다. 잠재의식을 변화시키기 위해서는 브레이크(믿음의 한계)를 돌파해야 한다는 것도 알았다. 그렇다면 이것을 어떻게 할 수 있을까?

그 비법은 '확언'이다. 앞서 언급한 에밀 쿠에 박사의 자기암시 역시 확언의 한 방법이다. 확언은 '입 밖으로 소리 내어 말하는 것'을 의미한다. 의문형(질문)도 포함된다. 종종 마음속으로 다짐하는 것을 확언이라고 오해하는 경우가 있다. 확언은 생각하거나 마음속으로 새기는 것이 아니다.

확언에는 우리가 모르는 엄청난 위력이 숨어 있다. 옛 선인들도 '말이 씨가 된다'라는 격언을 남겼다. 예로부터 말을 통해 결과가 변화되었던 것을 직접 몸으로 체험했기 때문일 것이다. 확언으로 내면의 변화는 물론 외부의 환경변화도 즉각적으로 이루어진다. 다만 눈으로 확인하지 않아 일상에서 쉽게 알아채지 못할 뿐이다. 최근에는 확언의 효과를 눈으로 볼 수 있는 다양한 실험들이 진행되고 있다. 이를 보며 사람들이 조금씩 확언의 실체를 인식하고 있다.

확언의 효과는 긍정과 부정감정을 활용한 물질의 변화로 쉽게 확인할 수 있다. 사랑스러운(긍정) 확언을 들려준 경우와 증오(부정)확언을 들려주고 아래와 같이 실험한 경우가 대표적이다.

〈확언에 따른 '쌀밥에 생기는 곰팡이 종류와 색' 비교〉
〈확언에 따른 '고구마 성장실험' 비교〉
〈확언에 따른 '소주 맛 변화' 비교〉

확언에 따라 같은 물질(실험군과 대조군)이지만 결과는 완전히 정반대였다. 쌀밥에 생기는 곰팡이의 경우 긍정확언에서는 음식에 활용되며 이로운 역할을 하는 누룩곰팡이가 생겼으나 부정확언에서는 해로운 검은곰팡이가 생겼다. 고구마 성장실험 역시 마찬가지였다. 긍정확언을 들었던 고구마는 성장속도가 빨랐지만 부정확언을 들었던 고구마는 성장이 현저히 늦었다. 그리고 확언은 재미있게도 소주의 맛에도 영향을 미쳤다. 같은 회사의 같은 브랜드 소주임에도 긍정확언을 들려주었던 소주는 부드러운 맛을 냈으나 부정확언을 들려준 소주는 쓴맛을 냈다.

비록 실험에서 사용한 확언은 목표달성에 사용되는 확언과는 구성에 차이가 있지만 감정을 활용한다는 면에서는 같다. 감정을 동반하는 확언이 얼마나 커다란 효과를 발휘할 수 있는지 확인할 수 있는 실험이다.

확언을 자기 암시의 한 형태로 활용한 에밀 쿠에 박사는 말기 질환을 가진 환자라 할지라도 거뜬히 치료하였다. 각종 장애를 지닌 환자들도 회복시켰다. 확언은 출혈조차도 멈추게 만들었다. 신체에서 일어나는 반응은 눈으로 확인이 가능하기 때문에 에밀 쿠에 박사의 진료 사례들은 지금까지도 많은 사람들에게 증거로서 믿음을 주는 역할을 하고 있다.

현장 교육에서도 확언의 위력을 눈으로 확인하여 믿음을 만들어줄 수 있도록 체험을 몇 가지 진행한다. 그중에 한 가지가 손가락을 길어지게 만드는 것이다.

"여러분의 손가락을 길어지게 만들어 드리겠습니다."라고 말하면 대부분 믿지 않는다. 특히 연세가 있으신 분일수록 절대로 믿지 못한다. 오랜 시간을 통해서 형성된 믿음의 한계는 시간이 지날수록 더욱 강해진다는 것을 참여자의 반응으로도 느낄 수 있다. 하지만 1분도 채 되지 않아 확언만으로 손가락이 길어지는 것을 참여자 스스로 증명하게 한다. 다른 사람에 의해서 전후 손가락 길이를 재는 것이 아니라 자신들이 직접 확언 전과 확언 후의 손가락 길이를 동일한 기준점으로 측정하게 한다. 손가락이 길어지는 것을 확인을 하고 나서 젊은 분들의 경우는 "와우" 하면서 감탄사를 연발하기도 한다. 브레이크가 풀리고 믿음의 한계가 깨진 순간이다. 일부 나이가 많으신 분들은 아무 말씀도 없이 거듭해서 손가락을 비교해보고 계신다. 절대 그럴 리가 없는데 도통 믿을 수 없다는 표정으로 말이다. 아이러니하게도 확언으로 잠재의식의 패러다임을 전환했지만 표면의식이 그것을 따라오지 못해 볼 수 있는 상황이다.

여기서 이해를 돕기 위해 한 가지 더 알아야 할 잠재의식의 특성이 있다. 잠재의식은 판단을 하지 않는다. 'NO'가 없다. 입력받은 그대로를 받아들인다. 그래서 확언을 그대로 받아들인 결과 정말로 손가락이 길어지게 되었다. 표면의식이 이것이 거짓인지 아닌지, 할 수 있는지 없는지 여부를 복잡하게 따지는 동안에 말이다.

여기서 우리는 무한한 힘을 가진 잠재의식을 쉽게 컨트롤 할 수 있는 축복과도 같은 방법이 존재한다는 것을 알 수 있다. 가능하다고 생각되든지 그렇지 않든지, 표면의식이 뭐라고 생각하든지 간에 확언을 통해서 내면의 믿음을 바꿀 수 있다는 것이다. 이는 전체 의식의 힘의 약 85%를 차지하는 잠재의식의 힘을 쉽게 활용할 수 있다는 것을 말한다.

트레이닝에서도 참가자들은 믿음이 거의 없는 상태로 진행이 되었다. 표면의식은 여전히 손가락이 길어지는 것에 대해서 의심을 하고 있었다. 그럼에도 불구하고 확언을 잘 이행했다면 참여자 모두 눈으로 확인될 만큼 손가락 길이의 변화가 생겼다. 확언을 통해서 느끼지 못하는 사이에 잠재의식 내부의 패러다임이 바뀐 것이다. 그래서 앞서 언급하였듯이 비록 표면의식은 의심하고 있었지만 힘이 훨씬 센 잠재의식에 따라 손가락이 길어지게 되었다.

이것은 언제든지 확언으로 잠재의식 내부의 변화를 만들어 실질적인 결과를 도출할 수 있다는 것을 의미한다. 확언이 내면의 브레이크를 푸는 강력한 도구가 되는 이유다.

8) 확언작성비법 - 확언은 어떻게 하는가?

확언에 대한 제대로 된 이해없이 추측하게 되면 흔히 하는 실수가 있다. 목표와 확언을 잘 구분하지 못한다는 것이다. 그래서 목표와 뒤섞여서 확언을 외치는 경우가 많다. 예를 들면 목표는 '~할 것이다'와 같이 주로 미래 형태로 작성된다. 그러나 확언은 '~한다'와 같은 현재형을 사용한다. 잠재의식은 시간 구분이 없기 때문이다. 현재만 존재하기 때문이다.

목표는 생각, 즉 의지(Will)를 글로 나타낸 것이다. 확언은 상상(Imagination)을 글로 나타낸 것이다. 그래서 다를 수밖에 없다. 목표와 확언은 작동 대상에서부터 차이가 크기 때문이다. 표면의식 의지를 강화할 때는 목표를 리뷰한다. 반면 잠재의식에 원하는 메시지를 전달하고 싶을 땐 확언을 외친다.

원하는 목적지를 설정하는 것은 표면의식(의지)이 주도한다. 설정된 목적지를 향해 갈 때 뒤에서 폭발적인 힘을 실어주는 것은 잠재의식(상상)이 담당한다. 확언은 브레이크를 해제하고 잠재의식을 목표가 있는 방향과 일치하도록 만든다.

그렇기 때문에 확언을 만드는 데 있어서 중요하게 신경 써야 할 것은 '그림'이다. 특히 그림은 작성한 확언이 제대로 되었는지 여부를 알기 위해 검토하는 방법으로도 활용된다. 방법은 간단하다. 집중해서 작성한 확언을 외쳐본다. 어떠한 그림이 마음속에 떠오르는가? 떠오른 그림이 진정으로 원하는 결과인가? 그렇지 않다면 다시 작성한다. 왜냐하면 잠재의식과 소통하는 언어는 그림이기 때문이다.

확언 작성에 있어 한 가지 더 중요한 것이 있다. 짧아야 한다는 것이다. 물론 확언도 목표처럼 구체적으로 작성하면 좋지만 구체적으로 작성할수록 점점 길어진다. 목표설정에서 필수적으로 포함되어야 할 항목들은 앞에서 강조하였듯이 '얼마나(How much)', '언제까지(By when)'이다. 이 두 가지를 완벽하게 만족하려고 할수록 문장은 길어질 수밖에 없다. 반면 확언은 '얼마나'와 '언제까지'에서 비교적 자유롭다. 확언은 짧을수록 좋기 때문이다. 한마디 문장으로 뇌리에 박힐 수 있으면 최고의 확언이 된다.

확언이 올바르게 만들어졌는지 검증할 수 있는 또 한 가지 방법으로 확언을 작성하고 나서 보지 않고 외칠 수 있어야 한다는 점이다. 길면 보지 않고 외칠 수 없다. 말할 수 없는 확언은 가치가 없다. 언제든지 말할 수 있어야 한다.

그래서 짧은 확언은 일상생활 속에서 버려지는 시간도 요긴하게 활용할 수 있다. 지하철을 기다리는 시간 같은 때를 잘 활용할 수 있다. 짧지만 강한 확언은 잠재의식에 확실하게 작용한다. 당신의 확언이 무엇인지 물었을 때 우물쭈물하거나 더듬게 되면 불합격이다. '툭' 치면 쏟아져 나와야 하고 새벽에도 벌떡 일어나서 외칠 수 있어야 한다.

어찌 보면 간단한 문장이지만 만들 때는 목표 이상으로 심혈을 기울여서 만들어야 한다. 조금이라도 내면의식에 효과적으로 더 강하게 영향을 미칠 수 있어야 하기 때문이다. 엄청난 잠재력을 갖고 있는 거대한 심연(深淵)과 같은 존재에 원하는 것이 무엇인지를 정확히 전달할 수만 있다면 삶은 매우 드라마틱하게 바뀔 수 있다. 인류역사상 이 위대한 잠재력을 일부만 활용해도 대단한 업적을 남길 수 있었다. 평생을 살면서 이 힘의 존재조차 모르고 세상을 떠나는 사람도 매우 많다.

우리는 이제 이 힘을 사용할 수 있는 강력한 도구 한 가지를 알게 되었다. 이 도구는 지금까지 자기 멋대로 뛰놀았던 야생마를 길들일 수 있는 고삐와 같은 역할을 할 것이다. 아무런 준비물이 필요 없고, 돈이 필요 없으며, 내가 누구인지도 상관이 없다. '확언'은 세상에서 가장 간단하면서도 누구나 사용할 수 있는 놀라운 기회의 도구다.

9) 지속된 확언의 힘

　확언은 특히 지속성이 중요하다. 아무리 정성 들여 확언을 작성해도 꾸준히 실천하지 않으면 효과가 없다. 확언을 작성하는 사람은 많지만 지속적으로 외치는 사람은 소수다. 이렇게 포기하지 않고 외친 확언은 의식 속으로 점점 각인되기 시작한다. 그 결과 확언이 그리는 그림에 매우 익숙해진다. 익숙해진다는 것은 매우 중요하다. 지속적인 확언으로 잠재의식 속의 브레이크들은 점점 풀리기 시작한다. 내부의 세계는 무한한 잠재력을 갖고 있는 비옥한 토양과도 같다. 그런데 이 토양은 지금까지 잡초들로 뒤덮여 있어 정작 원하는 것들을 키우지 못했었다. 확언은 이런 잡초들을 계속 제거하는 작업과 같다고 생각하면 된다. 원하는 씨를 뿌리고 키울 수 있는 비옥한 토양을 만드는 소중한 일을 하고 있는 것이다. 브레이크가 제거되고 제초작업이 끝난 토양은 꿈이라는 씨앗을 심기만 하면 크고 튼튼하게 키워낼 수 있다.

　변화가 빨리 오지 않는다고 실망할 필요는 없다. 시간이 오래 걸릴수록 더 많은 잡초가 제거되어 완벽한 토양이 마련된다. 씨앗이 더 크고 튼튼하게 자랄 수 있다. 바라는 그 결과는 훨씬 더 증폭되어 나타날 것이다. 그토록 간절히 원했던 꿈은 곧 훌륭하게 그 모습을 드러낼 것이다.

　그런데 잡초가 제거되는 모습은 보이지 않는다. 브레이크가 풀리는 과정은 보이지 않는다. 믿음의 한계를 깨는 과정을 볼 수는 없다. 그래서 답답하다. 눈에 보이지 않는 것은 믿지 않으려는 습관들이 끈기 있게 만들지 못한다. 컴퓨터의 로딩화면처럼 몇 %라는 진행률이 표시되면 좋겠지만, 아쉽게도 확언의 효과는 임계점을 넘어서는 순간까지 알 수 없다.

그렇다고 해서 쉽게 포기하면 안 된다. 일단 확언 작성의 룰을 지켜서 신중하게 만드는 것은 중요하다. 하지만 지속성은 더 중요하다. 꾸준한 노력들이 하나하나 차근히 쌓여갈수록 더 강력한 힘을 가진 토양을 만들어준다. 몇 번 해보는 것으로 당장 결과가 나타나는 경우는 드물다. 두세 번 시도로 끝나는 것은 이벤트에 불과하다. 이것저것 찔끔찔끔 하는 행동으로 달라지는 것은 없다. 단발성 행동으로 인생은 바뀌지 않는다.

전설적인 무술인 이소룡은 다음과 같은 명언을 남겼다.

"나는 한 번 수련할 때 일만 번의 발차기를 (한꺼번에)하는 사람은 무섭지 않다. 그러나 (한 번에)한 번씩의 발차기 수련을 일만 번 하는 사람이 무섭다 (I fear not the man who has practiced 10,000 kicks once, but I fear the man who had practiced one kick 10,000 times)."

한꺼번에 몰아서 일을 하는 것이 아니라 단 한 번씩 하더라도 그것을 꾸준히 지속적으로 하는 것이 훨씬 어렵고 대단하다는 뜻이다. 마음속에 깊이 새길 필요가 있다.

나는 책 읽는 것을 좋아한다. 그래서 자신의 독서 습관에 대해 언급하는 사람들을 유심히 보곤 한다. 이때 주변에서 손쉽게 만날 수 있는 사람들은 1년간 수백, 수천 권을 읽겠다고 목표를 말하는 사람들 그리고 수백 권을 단기간에 읽었다고 말하는 사람들이다. 이런 사람들에는 별로 관심이 가지 않는다. 어떤 방법으로 책을 읽을지 상상이 된다. 각 책의 정수를 얼마나 받아들이고 자기 것으로 소화했을까? 책은 처음 읽을 때와 두 번째 읽을 때가 다르다. 거듭 읽을수록 달라진다. 드물게 볼 수 있지만 한 권의 책을 수십, 수백 번 이상 읽었다고 말하는 사람들이 있다. 이분들은 완전히 다르게 느껴진다. 한 번 읽고 내려놓은 책은 단순 정보전달에 그친다. 수십 번 읽은 책은 지식 습득에 그치는 것이 아니라 통찰력을 준다. 충분히 심사숙고(Contemplate)하는 과정을 거쳐 깨달음을 얻게 만든다.

아프리카에서도 반복과 지속성의 효과를 드러내는 속담이 있다.

'원하는 소원을 일만 번 말하면 현실이 된다.'

즉, 원하는 결과는 꾸준한 반복으로 얻을 수 있다는 것이다.

사람들은 무슨 '비법'이니 '비밀'이니 하면서 '이것만 알면 대박(?) 난다' 같은 홍보문구를 좋아한다. 그러고는 겨우 몇 번 시도해보고 곧 그만둔다. 관건은 지속성이다. 한 번에 몰아서 하고 잊어버리는 것이 아니라 이소룡처럼 같은 발차기를 일만 번씩 해야 한다. 소원을 일만 번을 말하려면 하루에 열 번씩 하면 천 일이, 백 번씩 하면 백 일이 걸린다. 인생이 바뀌는 데 걸리는 시간이라고 생각하면 의외로 오랜 시간은 아니다. 인생 전체를 놓고 보면 작은 차이라고 할 수 있다. 사소한 반복의 차이가 인생을 가르는 분수령이 된다.

잭 캔필드는 확언을 꾸준히 활용하였다. 10만 달러를 벌고 있는 모습으로 확언을 만들었다. 그 결과 자신의 책을 당해 연도에 40만 부 더 팔 수 있는 영감이 떠올랐고 그 즉시 실천하여 연 소득을 92,000달러까지 올렸다.

이러한 확언의 방법과 효과를 잭 캔필드에게 알려준 것은 그의 멘토였던 W. 클레멘트 스톤이다. 그 또한 평생에 걸쳐 확언을 바탕으로 미국 역사에 기록될 보험제국을 건설하였다.

이제는 나를 옥죄고 현실에 안주하게 만들었던 믿음의 한계를 날려버리고 바라던 삶을 창조할 시간이다. 시간은 지금도 흘러가고 있다. 그냥 평소 하는 일을 반복해도 1년은 지나간다. 1년 후 모습은 절대 저절로 만들어지지 않을 것이다. 여전히 지금과 같은 모습으로 성공의 비법을 찾아 헤매고 있을 것인가? 아니면 원하던 모습이 되어 성공사례로 기록될 것인가? 온전히 자신의 선택에 달려 있다.

앞서 적어보았던 비전들을 목표로 구체화하고 확언을 작성해보고, 행동계획(과정목표)도 설정해보자.

Worksheet 7

구체적 목표설정, 확언, 행동계획

My Vision and Goals
하기 각 영역별로 *step1~step3*를 작성한다.

재정/경제적인 영역(Financial) 인간관계
직업, 경력, 비즈니스 개인적 영역/성장
자유시간, 여가, 놀이 지역사회, 기부, 기여, 봉사
건강, 몸

앞서 정한 비전을 수치화하고 언제까지 달성할 것인지 기한을 정하여 목표를 설정한다.
Goals and Objectives (How much... by when)

❶ ex) 서울시 강남구 △동 ○아파트 ♡동 ×호에 2022년 04월 30일 5pm까지 입주한다.
_____
_____
_____

❷ _____
_____
_____

❸

상기의 목표를 확언으로 적어본다. 그림을 글로 표현하는 것이다.
My Affirmations (Ideal Scene)

I am so happy and grateful that I now...

❶ ex) 나 (김세융)는 ○○○ 아파트 거실에서 아침해가 떠오르는 모습을 바라보며 상쾌하게 하루를 시작할 수 있어 기쁘고 감사합니다.

목표를 위해 할 수 있는 행동에 대해서 적어본다. 당장 실행할 수 있는 것들 위주로 한다.
지금 당장 없다는 생각이 들어도 관련된 작은 행동을 통해
또 다른 행동(실천)의 기회가 찾아올 것이다. My Action Steps

❶ 아파트 청약종합통장에 가입한다. / 아파트 신축 예정부지를 탐방하여 마음속에 담는다.

1) 보다 VS 상상하다

'See what you want, Get what you see(원하는 것을 보고 보는 것을 가져라)'

시각화를 설명하는 석세스프린서플 열한 번째 법칙의 제목이다. 시각화는 영어단어 'Imagery' 또는 'Visualize'를 번역한 말이다. 시각화를 말할 때 Imagery보다는 Visualize가 더 자주 쓰이며 이 단어들에는 단순한 생각이나 공상이 아닌 '보다'라는 의미가 강하다. Visualize의 우리말 정의는 '특정한 목적을 위해 일부러 상상해보거나 머릿속으로 그려보는 것'이다. 정의에서 특별히 주의해야 하는 부분은 '특정한 목적' 이라는 문구다. 머릿속에서 아무렇게나 저절로 떠오르는 그림들(회상, 공상)을 의미하는 것이 아니라는 것이다. 인위적으로 그린다는 것이다. 이것이 Visualize(시각화)의 진정한 의미이다. 의식의 흐름대로 그림들을 떠올리는 것, 공상, 망상 등과의 근본적인 차이점이다.

시각화에 있어서 명심해야 할 사항들이 몇 가지 있지만 그중에서도 '특정한 목적'을 갖고 그림을 떠올리는 것을 강조하고 싶다. 우리가 깨어 있는 시간 중에서 고의적으로 생각이라는 것을 하는 시간이 얼마나 될까? 안타깝지만 대다수의 사람들은 하루의 1%인 15분도 생각하지 않는다. 설령 생각을 하다가도 회상, 걱정 등에 빠져 있는 경우가 대부분이다. 그러고는 항상 생각을 하고 있다고 스스로 평가한다. 생각이 아니라 잡념이 많은 것은 아닌가? 회상이나 걱정의 그림들이 머릿속에 절대다수를 차지하는 이유는 간단하다. 쉽기 때문이다. 아무런 노력이 필요 없기 때문이다. 사람 의식의 특성 중 한 가지는 끊임없이 '잡념'이 생겨난다는 것이다. 깨어 있는 시간 동안 잠시도 쉬지 않고 그것이 무슨 그림이든지 간에 머릿속을 점령하고 있다. 그런데 자연스럽게 떠오르는 그림들은 주로 회상이나 걱정, 부정적인 그림이다. 생각을 컨트롤하려는 의지를 갖지 않는다면 이러한 그림들이 머리를 가득 채운다. 마치 잡초처럼 말이다. 그래서 『Mind Power』의 저자 존 키호는 의식세계를 정원에 비유했다. 우리들은 정원사에 비유했다. 정원을 가꾸는 일 중에서 주된 것은 잡초를 제거하는 일이다. 잡초를 뽑고 잔디를 심는 인위적인 노력을 하지 않는다면 정원은 금방 잡초로 가득 차게 된다. 잡초는 우리가 신경 써주지 않아도 정원에 뿌리를 내리고 번식한다. 반면 잔디의 생명력은 잡초보다 약하다. 그래서 잡초를 제거해 주지 않으면 잔디는 밀려서 사라질 수밖에 없다. '특정한 목적을 위해 일부러'라는 문구로 돌아가보자. 이 부분이 잡초를 제거하고 잔디를 심는 행위다. 다시 강조하지만 관리되지 않은 정원은 잡초만 무성하게 우거지게 된다.

위에서 거듭 '특정한 목적을 위해 일부러' 생각해야 된다는 것을 강조했다. 그 이유는 생각이 '의식적 창조의 법칙'을 작동시키는 단추(Button) 역할을 하기 때문이다. 창조라는 것은 물질적인 것에서 사람의 모습까지도 모두 포함한다. 이 모든 것들은 생각이 시발점이 된다. 의식적 창조의 법칙은 사람의 의식이 보고 느끼는 것이 물질화되는 것을 말한다. 건강이나 성격, 자질까지도 포함한다. 가령 현재 눈 앞에 보이는 물건들, 구조물들은 누군가가 먼저 머릿속으로 그렸던 것들이라는 것을 생각하면 이해하기 쉽다. 창조라는 것은 무에서 유를 창조하는 것만 해당하는 것도 아니다. 기존에 있는 것들을 자신에게 끌어와서 더 풍요로워지는 것도 포함된다. 부유한 사람들은 먼저 그것을 보고 느꼈다. 그다음에 부유하게 되었다. 이 법칙은 사람의 의식(생각Thought+마음Mind)에 의해서 작동한다. 누구든지 관계없이 의식적으로 창조의 법칙을 작동시킬 수 있기 때문에 간단히 '당신은 창조의 힘을 갖고 있다.'라고 말하는 경우도 많다.

시각화는 의식을 관리하는 방법 중 한 가지이며 시각화 핵심 중 한 가지는 인위적으로 그림을 떠올려 잡념을 제거하는 것이다. 눈앞에 없는 대상을 떠올리는 일, 그리고 그것을 보는 일은 단번에 실천하기 어려울 것이다. 왜냐하면 의식은 처음에 훈련이 되어 있지 않기 때문이다. 우리들은 오감을 통해서 느끼는 것에 익숙해있다. 지금 당장 눈으로 볼 수 없는 것, 손으로 만질 수 없는 것, 귀로 들을 수 없는 것, 코로 맡을 수 없는 것, 혀로 맛볼 수 없는 것을 의식적으로 느끼는 것이 진정한 시각화이다. 이와 같은 것들을 느낄 수 있다면 물질화된다. 창조의 법칙을 적용하는 사람들은 물질화되어 있는 것들이 있기 때문에 느끼는 것이 아니라 '먼저' 느껴서 그것이 물질화되도록 한다. 우리는 물질이 이미 있어서 그것을 느끼는 비가역적 반응에만 익숙해 있다. 하지만 $E=MC^2$ 공식처럼 우주공간의 법칙은 항상 가역적이다. 먼저 느껴도 물질화된다는 것이다. 물론 익숙하지 않은 일이다. 그렇기 때문에 연습(Practice)이 필요하고 실제로 주변에서 보게 되는 경우도 드문 것이다.

『The secret of the Ages』의 저자 로버트 콜리어는 내면에 일관된 그림을 유지하는 것을 강물과 둑에 비유했다. 둑이 없는 강은 늘 범람하여 주변에서 농사를 지을 수 없다. 둑은 훈련과 연습으로 만들 수 있다. 일단 둑이 만들어지고 나면 농사를 지어 원하는 수확을 얻을 수 있게 된다. 강둑을 완성하여 원하는 생각이 방해받지 않고 흘러가는 길을 만들게 된다면 창조력이 발휘될 수 있는 기초작업이 완성되는 것이다. 『성공의 문을 여는 마스터키(Master Key System)』의 저자 찰스 해낼은 시각화를 '혼'을 불어넣는 작업이라고 표현했다. 그만큼 정성과 에너지가 소요되는 작업이라는 것이다. 은연중에 '생각'이라는 것이 다루기 쉽다고 생각하는 사람들이 많았을 것이다. 하지만 연습과 훈련이 되어 있지 않다면 관리하기 어렵다. 잡초가 우거지지 않도록, 강물이 범람하지 않도록 얼마나 주의를 기울이는가에 시각화의 성공여부가 달려 있다.

2) 감정은 에너지 흐름의 피드백이다

시각화와 확언을 먼저 접해본 사람이 있다면 이와 관련하여 '감정'에 대해서도 언급하고 있는 가르침들을 보았을 것이다. 많은 책들에서도 감정의 중요성을 말하고 있지만 그 이유를 찾아보기는 어렵다. 감정이 왜 중요할까?

감정은 '생각의 방향'을 알려주기 때문이다. 감정에 따른 생각에너지가 어떻게 움직이는지 확인해볼 수 있는 재미있고 간단한 실험을 소개하려고 한다. 준비물은 어느 집이나 하나 정도 갖고 있는 철사 옷걸이 두 개와 적당한 크기의 빨대 하나면 된다. 철사 옷걸이들을 펴서 'L'자 형태의 철제 막대로 만든다. 너무 길지 않게 적당히 끝을 잘라준다. 짧은 부분에 빨대를 끼운다. 빨대가 끼워진 부분이 손잡이가 된다. 이렇게 하면 모든 실험 준비가 끝난다. 낫을 든 것처럼 막대를 양손에 쥔다. 막대 끝을 정면으로 앞을 향하도록 든 다음에 안정될 때까지 기다린다. 움직임이 멈추면 과거에 있었던 일 중에 기쁘거나 행복했던 일을 떠올린다. 기쁨과 행복 등의 긍정적인 감정을 지속적으로 강하게 유지해본다. 시간이 지날수록 양손에 들고 있는 막대가 바깥으로 벌어지기 시작한다. 이번에는 반대로 분노, 좌절과 같은 부정적인 감정을 느껴본다. 그러면 시간이 지날수록 막대가 점점 안쪽으로 모이기 시작할 것이다.

이와 같은 실험결과는 무엇을 말하는 것일까? 긍정적인 감정을 갖게 될 경우에 몸 바깥쪽으로 에너지가 확산되어 나간다. 부정적인 감정을 갖게 되면 에너지가 반대로 수축한다. 지난 30년간 미국 전역을 다니며 끌어당김의 법칙 세미나를 열고 있는 에스더&제리 힉스 부부는 감정은 근원에너지(Source Energy)가 얼마나 흐르는지 알 수 있는 척도라고 말한다. 이 에너지가 더 많이 흘러가게 될 때 원하는 것을 더 수월하게 얻을 수 있게 된다는 것이다. 위 실험은 눈으로 볼 수 없었던 에너지의 흐름을 철제 막대를 통해서 확인할 수 있는 소중한 증거가 된다. 감정이 없는 생각은 물질화할 수 있는 힘이 없다. 물론 더욱 나쁜 상황은 부정적인 감정을 갖고 있을 때이다. 원치 않는 것들이 물질화되는 과정이기 때문이다.

어떤 경험을 갖게 되었을 때 격한 감정이 동반되었다면 살아가면서 좀처럼 잊기 힘들 것이다. 경험과 생각은 같다. 따라서 감정이 동반된 생각은 책갈피처럼 경험(생각)한 상황이 그대로 모든 의식에 저장(Save)된다. 에너지가 모여 있는 지점이기 때문에 머릿속에서 손쉽게 떠올릴 수 있어(쉽게 그 지점으로 돌아갈 수 있어) 앞으로 생각을 계속 키워나가기 쉽다. 그래서 이렇게 생각에 하나의 지점을 설정하는 것을 '창조(물질화, 사건화)의 씨앗을 심는다.'라고 표현하기도 한다.

씨앗이라는 말처럼 감정을 잘 살피는 것은 '의식적 창조의 법칙'을 적용하기 위해서 가장 먼저 해야 할 일이기도 하다. 긍정적인 감정이라는 것은 단지 기분 좋기 위해서 느껴야 하는 것이 아니다. 생각이 일을 할 수 있도록 에너지가 실리는 방향이라는 것에서 아주 큰 의미가 있다. 강하게 발산되는 생각에너지는 수월한 성공(목표달성)을 만드는 매우 중요한 요인이다.

3) 레이저같이 비춘다

'간절히 원하면 소원이 이루어진다.'라는 글을 자주 본다. 간절하다는 것이 어떤 것이며 그 기준이 무엇인가? 간절하고 그렇지 않고는 누가 무엇으로 판단한다는 것인가? 원하는 것을 갖지 못한 사람은 간절하지 않아서일까?

무엇인가를 미치도록 이루고 싶은 마음으로 목표에 집중하는 것은 에너지의 흐름을 하나의 방향으로 모은다. 자연스럽게 초점이 모이는 것이다. 이것을 증명할 사례 역시 전에 언급했던 'L'자형 철제 막대 실험으로 보여줄 수 있다. 'L'자형 철제 막대를 지난번 실험 때와 같이 양손에 낫을 잡은 것처럼 든다. 이번에는 고개만 오른쪽으로 돌려서 시선을 한군데에 고정한다. 다른 생각은 하지 않는다. 그저 지금보고 있는 것이 무엇이든지 그것에 집중한다. 1분도 채 걸리지 않아 막대가 시선이 머무는 곳으로 이동하기 시작하는 것을 확인할 수 있다. 손으로 만져서 움직인 것도 아니고 입으로 불어서 움직인 것도 아니다. 생각으로 움직인 것이다. 자신이 직접 움직였으니 더욱 놀라우면서 믿을 수밖에 없을 것이다.

내가 바라보고 있는 것으로 에너지가 흐른다. 눈으로 바라보든 생각으로 바라보든 똑같다. 다만 생각으로 바라보는 것이 집중을 유지하기가 어려울 수 있다. 중요한 것은 바라보는 대상과 방향으로 에너지가 흐른다는 것이다.

간절하다는 것은 하나의 대상을 집중적으로 바라본다는 것을 의미한다. 어떤 목표를 지속적으로 바라본다는 것을 의미한다. 단지 '~하고 싶다'라는 바람에 불과한 것이 아니다. 유행처럼 잠시 머물렀다가 사라지는 것이 아니다. '미치도록' 이루고 싶은 마음으로 하나의 목표에 전력투구하는 것이 간절한 것이다. 레이저처럼 목표를 비추어야 한다.

다음과 같은 우화가 있다. 스승과 제자가 작은 나룻배를 타고 강을 건너고 있었다. 그런데 스승이 갑자기 제자를 밀어서 물속으로 빠트렸다. 스승은 물 밖으로 나오려는 제자를 노를 이용하여 오히려 나오지 못하도록 막았다. 스승은 시간이 조금 흘러서야 제자를 겨우 구해주었다. 그리고 물었다.

"물속에 있을 때 무슨 생각이 들었는가?"

제자가 대답했다.

"온통 물 밖으로 나가 숨쉬고 싶다는 생각뿐이었습니다."

스승이 말했다.

"그렇다. 원하는 것을 생각한다는 것, 집중한다는 것이 바로 그러한 마음이다."

물에 빠졌을 때 숨쉬고 싶은 그 마음이 바로 '간절히 원한다'는 표현의 기준이 되는 마음이다. 간절함이라는 것은 '소원Wish'나 '희망Hope' 정도의 감정을 말하는 것이 아니다. 미션, 사명으로 이것이 아니면 죽을 수도 있다는 느낌이 있어야 된다는 것이다. 위의 사례처럼 필자도 어릴 적 계곡에서 물에 빠진 적이 있었다. 몸은 물속으로 자꾸만 들어갔다. 공기 대신 물이 입과 코로 들어왔다. 분명 공기가 아니라는 것을 알면서도 계속 물을 마시고 있었다. 온몸의 근육을 이용해서 발버둥 치고 있었으며 머릿속에서는 '여기서 나가고 싶다.'라는 단 하나의 생각만 들었다. 그 순간만큼은 이런저런 생각 따위는 들지 않았다. 정말 운 좋게도 발버둥치다가 우연히 얕은 곳으로 흘러가게 되어 목숨을 건졌다. 얕은 곳에서 발이 물속에서 허우적거리는 것이 아니라 간신히 땅에 닿는 순간의 느낌은 아직도 잊을 수가 없다. 사람들에게 잊을 수 없는 순간들이 하나씩 있는데 나에게는 바로 그때였다. 절실하고 간절하게 원했던 순간이었기에 절대 잊을 수가 없다. 물에 빠졌던 당시에 맛있는 음식, 재미난 여행 등을 하고 싶다는 생각이 조금이라도 들었을까? 분노, 슬픔, 기쁨의 감정이 조금이라도 있었을까?

오로지 나가야 한다는 목표밖에 없는 것이다. 간절할 때는 어떤 잡념도 들어올 수 없다. 초점이 명확하다. 위와 같은 경험을 하고 나니 만일 물에 빠진 사람을 발견한다면 구명환이나 막대기를 이용하여 구해야 한다는 것을 알았다. 물에 빠진 사람처럼 무엇이든 잡아서 물 밑으로 내릴 수 있는 힘이 있기 때문이다. 어설프게 물속에 들어가면 같이 죽는다. 오직 살아야겠다는 간절함으로 눈에 보이는 것이라면, 잡히는 것이라면 그것이 무엇이든 관계없이 잡고 물속으로 넣는다. 필자 역시도 함께 물에 빠졌던 사람들을 누군지, 무엇인시 구분하지 않고 잡았던 기억이 있기 때문이다. 주위에서 당해 낼 사람은 없다. 간절함이 어떤 것인지 확인하기 위해서 일부러 물에 빠지는 것을 권할 수는 없지만 잠시 동안이라도 물속에 들어가서 숨을 참아보는 것으로 대신 겪어볼 수도 있다. 그리고 누가 장난삼아 밖으로 나오지 못하도록 누르고 있다면 그때도 이런저런 잡념이 들어올 수 있는지 직접 물속에서 확인해보면 된다. 그렇기 때문에 간절한 감정을 갖는다면 반드시 목표달성을 할 수밖에 없다.

4) 이미 된 것처럼 한다

　액화천연가스 수송선(LNGC)에 엔지니어로 근무하였던 시절이었다. 몇 년 되지 않은 신조선(新造船)이라 선박을 건조하였던 조선소 직원의 작업복이 선박에 그대로 남아 있었다. 무심코 작업복을 입어보았는데, 자연스럽게 조선소의 풍경이 내 주변에 파노라마처럼 펼쳐지면서 어느새 조선소의 엔지니어가 되어 일하고 있었다. 선박이 건조하는 소리가 들리고 블록이 운반되고 있었다. 이후에 그 작업복을 입어볼 때마다 나는 이미 조선소의 직원이 되어 있었다. 입기만 하면 자동반사적으로 내 신분과 지위가 바뀐 듯한 느낌이었다. 잠시 동안 마치 〈마스크〉라는 영화에서 주인공처럼 변신한 것 같았다. 허름했던 그 '작업복'은 나에게 '마스크'였다. 실제로 이듬해 나는 DSME(대우조선해양)에 입사하였다. DSME는 내가 자주 입어보았던 바로 그 작업복 가슴에 새겨진 로고였다.

　당시에는 정식으로 법칙을 알기 전이었지만 나 자신도 모르게 '이미 성취된 것과 같이 행동하라(Act As If-석세스프린서플 12번째)' 법칙을 우연히 적용하게 되었다. 그리고 그때 입었던 조선소의 작업복은 '이미 성취된 것과 같이 행동하라' 법칙이 적용될 수 있었던 매개체 역할을 하였다.

　처음 이 법칙을 접한 사람들은 상당히 독특하게 느낄 수 있다. 어찌 보면 미친 행동처럼 보여질 수도 있다. 그래서 잘 아는 사람들도 실천하기 쉽지 않다. 그러나 효과는 매우 크다. 잠재의식에 우리가 원하는 그림을 각인시킬 수 있도록 도와 해당 그림의 진동에너지를 만들어주기 때문이다.

앞서 자신의 잠재의식에 목표를 심는 것이 쉽지 않다고 하였다. 지속적인 노력이 뒷받침되어야 한다고 했는데 이미 성취된 것과 같이 행동(Act As If)하는 것은 이 모든 노력을 담고 있는 행위다.

지금까지 언급했던 시각화(Visualize), 확언(Affirmation)의 기능을 모두 갖고 있어 올바르게 적용한다면 폭발적인 위력으로 내면에 고착된 브레이크를 풀고 미래를 바꿀 수 있다.

트레이닝에서는 '백만장자 칵테일 파티'라는 제목으로 이 법칙의 사용법을 익히고 체험한다. 잭 캔필드 역시 『영혼을 위한 닭고기 수프』가 아직 출간되기도 전 미리 베스트셀러 작가로서 자신을 인터뷰한 기사를 스스로 작성하여 '백만장자 칵테일 파티'에 참석했었다. 그리고 5년 후 잭 캔필드의 『영혼을 위한 닭고기 수프』는 전 세계에서 1억 부 이상 팔리는 글로벌 베스트셀러가 되었다.

'백만장자 칵테일 파티'에는 백만장자뿐 아니라 기업 CEO, 베스트셀러 작가, 투자가, 변호사, 작가 등 어떤 모습이든지 자신이 원하는 미래의 모습으로 참석한다. 자신이 하고 싶은 일, 꿈꾸던 모습에 그 어떤 한계는 없다. 파티 당일 그동안 그렸던(Visualize) 미래 모습의 복장, 말투, 태도, 소품을 준비하면 된다. 베스트셀러 작가를 원하는 사람은 자신의 인터뷰기사가 실린 책자와 저서를 들고 참석한다. 책이 출간되지 않았더라도 표지에 자신의 사진과 제목을 넣어서 소품을 만드는 것은 마음만 먹으면 쉽게 만들 수 있다. 5년 후의 자신이 하는 일에 대해 적혀 있는 비즈니스 명함은 기본이다. 앞서 말했던 취업사례는 작업복이 소품이 된 셈이다. 무엇이 되었든 소품에서 비롯되는 촉감, 시각, 후각들이 나를 미래의 모습으로 당당하게 만들어준다. 눈앞에 내가 있어야 할 장소들이 펼쳐지고 자신감을 부여하고 리얼함을 더욱 살려준다. 그리고 가장 중요한 것은 미래의 나, 미래의 모습이라고 생각하고 말하며 파티에 참석하는 것이 아니다. 그래서 말과 행동 모두 '원했던(이미 성취되었기 때문에 원하는 것이 아닌)' 모습 그대로 한다. 지금 이 모습이 본래의 나의 모습이라고 철저히 인식한다. 이러한 느낌들은 강하게 잠재의식에 새겨지며 파티 이후에는 그때 당시를 회상하는 것만으로도 시각화된다.

잭 캔필드의 트레이닝에서 〈타임〉지에 자신의 얼굴을 넣어서 참석한 여성이 있었는데 국제변호사로서 전 세계를 무대로 활동하고 있다면서 자신의 칼럼과 〈타임〉지 인터뷰를 보여주었다. 확신에 찬 표정과 행동에서 일순간 진짜로 착각했을 정도였다. 그녀는 실제로 지금 변호사로 뛰고 있다.

'백만장자 칵테일 파티'는 이와 같이 참석한 사람들이 파티에서의 모습이 그대로 현실에서 재현되어 전 세계적으로 매우 유명해진 과정이다. 특히 자신이 임의로 제작하여 파티에 소품으로 들고 왔던 저서는 이후 실제로 책이 출판되었을 때 표지와 디자인이 똑같았으며 베스트셀러가 되었다는 사례들이 너무나 많다.

단순히 웃고 떠드는 파티장과는 다르게 온통 삶의 기쁨과 설렘으로 가득 차게 된다. 피부로 느껴지는 그 에너지는 그 어떤 모임과도 비교할 수 없다. 참가자들 간 이루어지는 대화도 커다란 자신감을 만들어준다. 대화의 내용들은 대부분 이렇다.

"우와 ○○○ 이사님, 굉장히 흥미로운 책이네요. 이 책이 이번 달 ○○문고 집계 베스트셀러 1위에 진입했다고 들었습니다."

"네, 100만 부 팔릴 거라고 예상했는데 200만 부나 팔렸지 뭐예요. 다음 달부터 제 책이 영어로 번역되어 전 세계에 판매될 예정입니다. 내년 이맘때쯤이면 천만 부 정도 팔릴 거라고 예상하고 있답니다."

"역시 잘 될 줄 알았습니다. 해외 진출을 돕고 싶습니다. 제가 10억 원 투자하여 월드 투어 저자강연회를 하실 수 있도록 돕고 싶습니다."

파티장에서 하는 말들이 모두 확언이 된다. 목표 때문에 억지로 외치는 확언이 아니라 즐거움과 신나는 감정이 담긴 강력한 확언이 된다. 더불어 자신과 참가자들을 보며 마음속으로 시각화하는 것이 아니라 온몸으로 느끼며 실제로 모습을 연출하고 있다. 그래서 이 법칙에 '확언'과 '시각화'의 모든 노력이 담겨 있다고 말할 수 있는 것이다. 강한 감정이 이입된 장면들은 내면에 뚜렷이 각인되어 현실화될 수 있는 강력한 동기를 만들어준다. 참석자들 모두에게 잊을 수 없는 기억의 한 장면을 선물하는 이 파티는 석세스프린서플 트레이닝의 꽃이라고 할 수 있다.

트레이너에 의해서 참가자들은 개개인이 모두 현재 무슨 일을 하고 있는지 (미래의 꿈을 묻는 것이 아니다.) 어떻게 지금과 같은 성공을 거두게 되었는지 질문을 받고 인터뷰되며 해당 장면은 녹화된다. 참가자들은 영상을 다시 보면서 동기부여를 받고 시각화하는 데 도움을 얻는다.

'자신을 믿어라'라는 법칙은 앞에서 말했듯이 매우 중요하지만 사람들은 오히려 남보다도 자신을 더욱 믿지 못한다. 그래서 더욱 '이미 성취된 것처럼 행동하라(Act As If)' 법칙을 혼자서 따르기는 어렵다. 원하는 모습을 이룰 수 있다는 확신, 믿음, 신념이 부족하기 때문이다. 그러나 백만장자 칵테일 파티장에서는 다르다. 어느새 누구보다도 열정적으로 몰입해 있는 자신을 발견하게 된다. 혼자 하면 이상한 사람처럼 보일지도 모른다는 시선을 의식하지만 여럿이 함께 하기에 부담감을 느끼지 않고 즐겁게 그리고 자신감 있게 행동하게 된다.

  강력한 의지가 있다면 비록 단체 파티장은 아니더라도 일상생활에서도 이 법칙을 실천할 수 있다. 잭 캔필드가 거래하는 은행 지점의 한 젊은 직원 이야기가 있다. 그 직원은 평사원임에도 불구하고 다른 일반 은행원들과 옷 매무새와 말투, 행동이 달랐다. 마치 고위직원인 것처럼 보였다. 그리고 1년 후 대출 담당 대리로 승진하였고 다시 2년 만에 과장으로 승진하였다. 그 뒤 얼마 지나지 않아 지점장이 되었다. 그의 초고속 승진 비결을 물어보았더니 자신은 이미 지점장이 될 것을 알고 있었기에 지점장들이 어떻게 옷을 입고 다니는지, 어떤 말을 하는지, 고객들을 어떻게 대하는지 자세히 관찰하여 모든 생각과 행동을 실제 지점장들과 똑같이 맞추었다고 한다. 즉 이미 지점장이 된 것처럼 행동하기 시작하였던 것이다.

  혼자서 하고 싶은 사람들은 위의 사례처럼 실천하면 된다. 거창하게 티 내지 않더라도 꾸준히 지속하면 점점 달라지는 것을 알 수 있다. 단지 이렇게 작은 행동이 꿈을 현실로 만들 수 있도록 기회, 자원, 정보를 제공해 준다. 중간과정은 어떤 방식이 될지 어떤 방법이 될지는 누구도 알 수는 없다. 그러나 최종 결과는 원하는 모습으로 된다.

  'Act As If' 법칙의 첫 번째 순서는 되고 싶은 사람이 이미 되는 것으로 시작한다.

두 번째는 그 사람에게 맞는 행동과 생각을 한다. 말하고 느끼고 사람들과 지내는 생활양식 모든 것을 그대로 재현한다.

마지막 세 번째는 당신이 삶 속에서 원하는 모든 것을 그대로 가지면 된다. 바라는 모든 것을 누리면 된다. 성공한 사람들의 과거 근거 없는 자신감 넘치는 행동들은 모두 이렇게 자신이 원하는 모습이 실현된다고 강하게 믿고 그대로 행동으로 옮겼을 뿐이다.

그러나 간단해 보여도 실상은 누구도 감히 실천하지 못한다. 꿈을 이루는 사람들이 많지 않은 이유이다. 그래서 석프 트레이닝에서 '백만장자 칵테일 파티'를 통해 실행에 옮길 수 있도록 돕고 있는 것이다.

5) 방법(How)은 어떻게 나타나는가?

　정확한 기준에 맞게 올바른 목표(What)가 설정되었다면 그것을 달성하는 방법(How)은 자연스럽게 나타난다는 것에 대해서 앞서 말했었다. 방법이 나타나는 것에 대해 자동차 전조등에 비유하여 간단히 설명할 수 있다. 어두운 밤에 가로등이 없는 캄캄한 도로를 자동차를 타고 달리고 있다고 생각해보자. 자동차 전조등을 통해 볼 수 있는 거리는 40~100m 정도이다. 전체 도로를 보면서 달리는 것이 아니다. 그래서 40m를 전진하면 다시 40m가 눈앞에 펼쳐진다. 목표를 달성하는 과정도 이와 같이 진행된다. 전체과정을 알 수 없다. 단지 현재 목표를 향해 전진하면 새로운 방법들과 수단이 나온다. 이것을 다시 실행하면서 계속 나아가는 것이다. 잭 캔필드 또한 무엇을 갖고(되고) 싶은지 분명히 정하는 것을 강조하였다. 그러면 목적지에 도달하는 '방법(어떻게)'은 자연스럽게 나타난다는 것이다(If you get clear on the what, the how will show up).
　'어떻게'가 나타나는 방식은 여러 가지가 있지만 그중 중요한 것 한 가지가 있다. 바로 '직감' 또는 '영감'이다. 나에게도 불현듯 떠오른 영감들은 정말 많은 도움을 주었다. 현재 ㈜오석세스데이 운영에도 이러한 영감들을 접목시키고 있다. 현장강의 방식, 온라인 강의 전환과 마케팅에 이르기까지 아이디어를 생산하고 발전시키고 결정하는 데 모두 영감의 힘을 빌렸다.
　영감을 통해 부와 성공을 얻은 사례는 너무나 많다. 뿐만 아니라 사실 위대한 과학적 발견의 대부분은 '직감'과 '영감'을 통해서 이루어졌다. 논리로만 설명해야 하고 논리로서만 접근해야 한다고 알고 있었던 과학조차 영감을 활용하고 있다니 놀랍지 않은가? 우리가 모른다고, 보이지 않는다고 해서 존재하지 않는 것이 아니다. 사실 삶의 모든 영역에 두루 영향을 미칠 수 있는 것이 영감이다. 그래서 영감을 얻을 수 있는 능력을 키우는 것이 중요하고 영감이 떠올랐을 때 그것을 과감하게 실행하는 것이 성공의 노하우다.

그래서 이번에는 단순한 성공에 대한 사례 대신에 우리 생활에 보다 밀접한 과학 발견 사례를 설명하려고 한다. 과학자들과 발명가들조차 영감의 도움을 많이 받고 있다는 것을 알리고 싶기도 해서다. 과학을 좋아했던 나에게 인상 깊었던 사례는 벤젠고리 발견이다. 용해제로 주로 쓰이는 벤젠은 오늘날 공업 분야에서 매우 필수적인 화합물이다. 벤젠의 화학식은 C_6H_6이다. 그런데 과학계에서는 벤젠의 화학식을 밝혀내고서도 무려 50년이 넘는 시간 동안 벤젠의 결합구조를 밝혀내지 못했다. 당시 과학계에서는 나열하는 방식의 결합구조만을 생각하고 있었기 때문이다. 그래서 탄소(C)가 6개라면 아래와 같은 형태로 결합이 되어야 한다고 여겼다.

(탄소는 4개의 원자와 결합을 하고 수소는 1개의 원자와 결합을 한다. 그래서 아래와 같은 결합구조가 대표적이다.)

$$H-\underset{\underset{H}{|}}{\overset{\overset{H}{|}}{C}}-\underset{\underset{H}{|}}{\overset{\overset{H}{|}}{C}}-\underset{\underset{H}{|}}{\overset{\overset{H}{|}}{C}}-\underset{\underset{H}{|}}{\overset{\overset{H}{|}}{C}}-\underset{\underset{H}{|}}{\overset{\overset{H}{|}}{C}}-\underset{\underset{H}{|}}{\overset{\overset{H}{|}}{C}}-H$$

그런데 위와 같은 구조로는 도저히 C6H6 화학식을 만족할 수 없었다. 수소(H)가 8개나 더 필요했다. '케쿨레'라는 화학자도 이 문제를 두고 오랜 기간 연구를 거듭했으나 답을 알 수가 없었다.

그러던 어느 날 잠이 들었는데 꿈속에서 뱀이 나타나더니 자신의 꼬리를 스스로 물고 있는 것이 아닌가. 잠에서 깨어난 케쿨레는 이것이 그동안의 수수께끼를 풀 수 있는 열쇠라는 것을 직감했다. 과거 꿈을 통해서 종종 연구 힌트를 얻었던 그는 이번에도 기회를 놓치지 않았다. 공책에 꿈에서 본 뱀의 모습을 그리기 시작했다. 그리고 연구 중이던 벤젠의 화학식을 하나씩 대입해보기 시작했다.

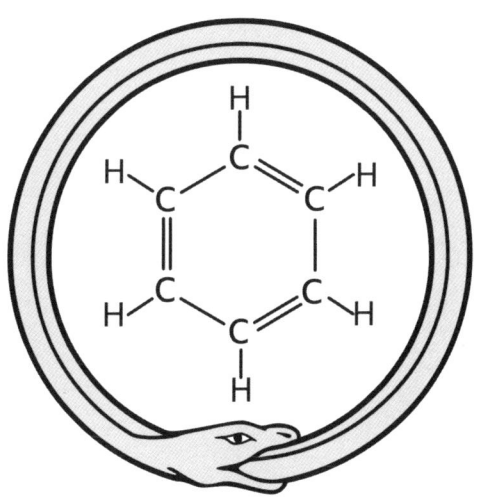

출처: Haltopub, Ouroboros-benzene, CC BY-SA 3.0(Wikimedia)

그리고 결국 위와 같은 형태의 벤젠 결합구조를 발견하게 되었다. 고리형으로 이루어진 벤젠의 결합구조를 밝혀낸 것은 화학계의 눈부신 발전을 이끌어낸 계기가 되었다. 인류 과학사의 큰 족적을 남긴 위대한 발견이었다.

위의 사례는 과학계도 역시 영감의 도움을 받았던 참신한 소재가 될 수 있을 것 같아 기쁘다. 만일 케쿨레가 꿈속에서 받았던 영감을 그대로 흘려보냈다면 어떻게 되었을까? 그냥 단지 꿈에 불과하다며 경시하였다면 어떻게 되었을까?

꿈이 아니라 몸과 마음이 편안한 휴식을 취하고 있을 때도 영감뿐 아니라 아이디어와 직감들이 떠오르기도 한다. 물리학자 아인슈타인은 주변사람들에게 늘 자신은 샤워할 때 새로운 아이디어들이 계속 생각난다고 말했다. 의문형 확언의 창시자 노아 세인트 존 역시 샤워를 하면서 기존 확언(Affirmation)이 아닌 의문형 확언(Afformation: 신조어) 기법을 창안하였다. 잭 캔필드도 자신의 책을 베스트셀러로 만들 수 있는 판매 아이디어를 샤워하면서 얻었다.

그리고 마지막으로 통찰력까지도 함께 얻을 수 있는 수단이 있는 그것은 명상이다. 명상은 아이디어와 직감을 키우고 발달시키는 데에도 탁월한 효과가 있다. 『영혼을 위한 닭고기 수프』 책의 제목도 명상을 통해서 얻었다. 책 제목을 두고 고민하고 있던 어느 날 명상 중에 갑자기 그의 마음속에 칠판이 나타나더니 '영혼을 위한 닭고기 수프'라는 글이 써졌다. 그러자 처음에 잭 캔필드는 '닭고기 수프'는 아플 때 먹는 거잖아? 라고 반문했다(서양에서는 몸이 아플 때 닭고기 수프를 먹는다. 우리나라의 죽과 같은 개념이라고 생각하면 된다). 그러자 내면에서 다시 '세상에는 마음이 아픈 사람들이 많아'라고 대답했다고 한다. 이렇게 해서 전 세계 1억 부 이상 판매된 책의 제목이 결정되었다. 잭 캔필드도 그가 얻은 영감에 충실히 따라 엄청난 결과를 만들어낸 것이다. 명상의 방법과 효과에 대해서는 다음 장에서 자세히 설명하겠다.

정말 중요한 것은 나 자신이 무엇을 원하는지 확실히 결정한다면 이 목표가 온 우주에 전파되어 '어떻게'는 반드시 나타나게 되어 있고 우리는 그것을 무시하지 않고 행동으로 잘 실천하기만 하면 된다. 지금부터라도 내면의 목소리에 귀를 기울이면 된다. 마음의 문을 열어 두고 있으면 '영감'이 떠오른다. 그러면 자신을 믿고 망설일 필요 없이 행동으로 실천하면 된다. 위대한 업적은 항상 사소한 영감에서부터 비롯되었다.

6) 어떻게 영감을 얻는가?

의도적으로 내면 깊숙한 곳에서 떠오르는 생각들을 살피는 연습을 해야만 한다. 학교와 사회에서 항상 논리적으로 접근해야 한다고 배웠다. 그래서 대부분의 사람들은 '영감'에 대해서도 배웠던 방식으로 풀어보려고 한다. 그러나 현재 사회는 '직관'이 어떻게 작용하며 '영감'이 어떻게 떠오르는지 모른다. 증명하지 못하기 때문에 모호한 입장을 취하곤 했었다. 분명히 이러한 것들이 존재하는 것을 알고 있지만 사회가 갖고 있는 지식과 논리의 한계 때문에 애써 무시하는 경우가 많다.

이러한 사회에 길들여져 있는 우리도 마찬가지로 '영감'에 대해 마음의 문을 닫아두거나 관심을 갖지 않았다. 그래서 '영감'을 떠올릴 수 있는 능력을 갖고 있다는 사실도, 그 능력을 키울 수 있다는 사실도 대부분 모르고 있었다.

그렇다면 놀라운 성공의 씨앗과 같은 역할을 하는 '영감'을 어떻게 얻을 수 있을까? 어떻게 '영감'을 얻을 수 있는 능력을 키울 수 있을까?

답은 '명상'이다. 우리나라에서는 일반적으로 명상은 수련을 하기 위한 도구로 생각하는 경우가 많다. 그리고 특정 영역과 기능만 중시하는 경우가 너무나 많다. 근래 들어서 힐링 열풍을 타고 명상이 많이 알려지고 있지만 사실 명상은 스트레스 해소를 목적으로 하는 힐링이나 수련 이외에도 매우 많은 장점들을 갖고 있다. 그 장점들 중 하나가 깨어 있는 상태에서 잠재의식과 보다 원활하게 소통할 수 있는 것이다. 잠재의식이 전해주는 '영감'을 잘 받을 수 있는 상태로 만들어준다. 그리고 명상은 반대로 우리가 원하는 것들을 잠재의식에 쉽게 전달할 수 있도록 만들어주기도 한다. 시각화를 융합할 수 있기 때문이다. 그래서 명상은 단순한 효과(스트레스 해소, 집중력/면역력/통찰력 강화, 감정조절, 영감) 외에 목표달성(꿈) 수단으로 활용할 수 있는 매우 강력한 기법이다.

그렇기 때문에 특히 시각화를 함께 진행하는 명상으로 트레이닝에서도 중요하게 다루는 'Betty Bethard's 4-Step Meditation'를 강력하게 추천하고 싶다. 제목에서 볼 수 있듯이 총 4단계로 구성이 되어 기존의 힐링과 통찰력, 창의력을 증대함은 물론 시각화까지 한꺼번에 할 수 있어 교육생 분들께도 일명 올인원(All-in-One) 시각화 명상으로 소개드리고 실천을 권하고 있다.

방법이 복잡하지 않아 누구나 쉽고 편하게 할 수 있다. 그러나 효과는 놀랍다. 명상 전후의 생각과 감정, 마음의 상태를 비교하여 변화된 모습을 스스로 즉시 느낄 수 있다.

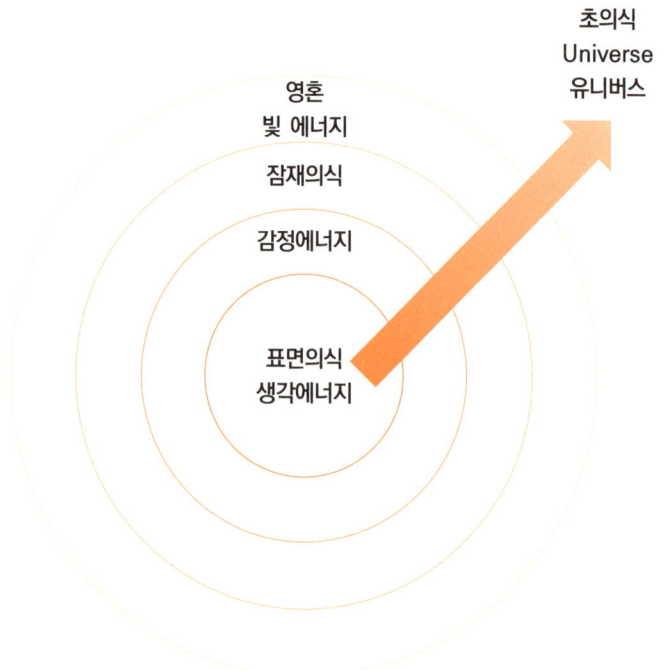

    올인원 시각화 명상은 다음과 같은 순서로 진행된다. 본격적인 명상에 앞서 방해받지 않도록 주변을 정리하고 너무 배부르거나 피곤한 상태에서 하지 않도록 한다. 반면 감화(感化)를 줄 수 있는 음악이나 글을 읽거나 생각을 하는 것은 도움이 된다.

    첫 번째는 준비(Preparation)단계이다. 양손 손가락 끝을 서로 맞댄다. 에너지의 흐름을 외부로 내보내지 않고 내부순환 하기 위해서이다. 허리를 세운다. 머리에 줄이 있어 천장에 매달려 있다고 생각하면 쉽다. 3회 정도 숨을 깊게 들이마시고 내쉰다. 이때 들숨은 코로 날숨은 입으로 한다. 그리고 나서 하얀 빛의 구가 왼쪽 발가락 끝부터 시작하여 왼쪽 머리, 오른

쪽 머리, 오른쪽 발끝까지 움직이면서 몸의 모든 세포를 깨우고 활력을 불어넣으며 힐링하는 것을 상상한다. 같은 방법으로 빛의 구를 3바퀴 돌린다. 약 5분 정도 진행한다.

두 번째는 반복(Repetition)단계이다. 흔히 말하는 무념무상(無念無想)의 상태를 만든다고 받아들이면 쉽다. 마음의 눈으로 한 가지 장면에 집중한다. 꽃, 호수와 같은 평화로운 자연이 될 수도 있고, 어둠을 혼자 밝히고 있는 초를 생각해도 좋다. 개인에 따라서 종교적인 상징물에 집중해도 된다. 자신에게 특별한 의미가 있는 문장이나 생각에 집중해도 된다. 자주 사용되는 문장으로는 '나는 사랑입니다', '나는 편안합니다', '나는 행복합니다', '나는 여기 있습니다', 'So(들숨) Ham(날숨)', '알렐루야', '나를 사랑합니다' 등이 있다. 이 문장을 지속적으로 반복해서 말하면서 정처 없이 돌아다니는 마음을 잡아서 현재 집중하고 있는 것으로 데려온다. 실제 트레이닝과 오디오 가이드에서는 '알렐루야'를 반복하는 노래를 부르면서 집중한다. 처음에는 잡념들 때문에 생각을 한 가지 것에 집중하는 것이 어렵지만 연습을 거듭할수록 집중하는 능력이 점점 더 강해질 것이다. 생각의 흐름을 조정하여 마음의 그릇에 한 가지 그림(문장)을 채울 수 있도록 만드는 것은 매우 중요한 의미를 지닌다.

세 번째는 수용(Receptivity)단계이다. 손바닥이 하늘을 향하게 무릎 위에 놓는다. 몸과 마음을 편안하게 한다. 이번에는 두 번째 반복 단계와는 달리 의식적으로 생각을 컨트롤하려고 하지 않는다. 수동적인 자세를 취하고 생각의 흐름을 지켜본다. 감정의 흐름도 지켜본다. 오감에서 느끼는 감각도 그대로 받아들이고 지켜본다. 마음속을 빠르게 지나가는 그림들과 장면들을 '보고' 내면의 메시지들을 '듣는다'. 때로는 허리와 같은 몸에서 차가운 느낌이나 진동, 같은 예상하지 못했던 감각을 느낄 수도 있다. 일반적인 사람들의 경우 오감을 통해서 소통하기 때문이다. 아이디어와 직관, 영감을 얻는 단계이다.

네 번째 클로징 다운(Closing Down)단계다. 가볍게 두 손은 주먹을 쥔다. 하얀 빛이 내 주변을 둘러싸고 있다고 상상한다. 내 안을 흰 빛으로 채우며 외부의 부정적인 영향으로부터 나를 보호한다고 상상한다. 의식은 열려 있어 원활히 소통할 수 있다. 예민한 사람들의 경우 명상이 끝난 뒤에도 주변에 나쁜 영향을 받는다고 생각할 때 자신을 보호하는 하얀 빛을 지속적으로 인식하여 보호받을 수도 있다. 힐링을 원할 경우 하얀빛을 신체에서 건강이 필요한 특정 부위로 보내 치료하는 명상을 진행할 수 있다. 그리고 브레이크스루 골을 떠올린다. 이미 성취되었다고 상상한다. 그 외에 원하는 목표들이 달성된 장면을 떠올린다. 시각화를 진행할 때 반복(2단계)에서 외쳤던 확언과 관련된 것일 경우 그 효과는 매우 강력해진다.

꾸준히 명상을 하고 나면 삶의 여러 문제들을 해결할 수 있는 대단한 지혜가 내면에 있는 것을 발견하게 될 것이다. 각 분야에서 성공을 위한 아이디어와 직관 그리고 감각이 깨어나는 것도 느끼게 될 것이다. 마치 내 안의 마인드 파워와 세상의 모든 비밀들을 활용할 수 있다고 느낄 수도 있다. 특히 이러한 선물들을 자신과 물질적인 것만을 위해서가 아니라 다른 사람들과 사랑을 위해 사용할 경우 그 힘이 더욱 강력해진다.

명상을 통해 잠재의식뿐 아니라 그 너머 우주라고 말할 수 있는 초의식의 세계까지도 연결할 수 있다. 이곳은 지식과 지혜의 보물창고와도 같다.

그렇기 때문에 우리에게 놀라운 조력자의 역할을 한다. 이 힘을 빌려 눈앞의 문제들을 일소하고 행복한 삶을 만들 수 있다. 당신이 원하는 것이 그 무엇이든지 해결책을 제시하고 디딤돌 역할을 할 수 있다. 다만 그 의사소통의 방식이 말이 아니라 그림과 감정, 그리고 오감이다. 그래서 지금까지는 누구나 손쉽게 소통할 수는 없었다. 그렇기 때문에 '명상'이 강력한 소통의 매개체로서의 위력을 발휘할 수 있는 것이다. 앞으로도 명상을 통해서만 내면의 잠든 거인을 깨울 수 있을 것이다. 의지를 갖고 꾸준히 '명상'을 실천했던 사람들만이 위대한 내면의 힘(직관, 영감)을 거침없이 활용하여 성공가도를 달릴 수 있었다. 팀 페리스는 저서 『타이탄의 도구들』에서 자신이 인터뷰한 위대한 인물 200명 중 80% 이상이 명상을 하고 있다고 했다. 타이탄은 성공한 인물을 말하고 도구들은 그들의 습관을 말한다.

명상을 단순한 힐링과 수련의 도구로만 여기고 생활했었다면 지금 이 순간부터 '4-스텝 올인원 시각화 명상'을 적극 추천한다. 날마다 놀라움이 가득한 하루를 맞이할 수 있을 것이다.

7) 세상은 행동에 보상한다

　구체적 행동에 돌입하는 것은 목표를 달성하기 위한 생각에너지가 실체화되는 첫 과정이다. 행동은 원하는 새로운 결과를 만들어내기 위해 마지막으로 통과해야 되는 문이다. 지금까지 '삶의 책임과 권한을 100%' 갖고 삶의 목적을 찾고 목표를 설정하였다. 그리고 목표달성의 걸림돌이 되는 브레이크를 제거하고 현실과 비전의 격차(긴장)를 줄이기 위해 확언과 시각화를 하였다.

　이러한 과정을 지속하게 된다면 새로운 도전을 할 수 있는 용기와 동기를 얻고 창의력과 영감이 떠오르게 된다. 그렇다면 이것을 최종 결과의 변화로 이끌어내는 데 필요한 통과의례가 바로 행동이다!

　행동은 각 사람들의 특성에 따라서 달라진다.

　첫 번째는 늘 계획만 세우고 있는 사람이다. 목표설정을 마쳤고 액션플랜도 갖고 있다. 그러나 이들은 늘 조사만 하고 있다. 다른 사람의 행동을 보면 '내가 먼저 하려고 했는데' 하며 아쉬워하기만 한다. 아직까지는 때가 아니라면서 기다린다. 완벽한 타이밍을 바라며 평생을 기다린다. 그런데 그 완벽한 기회는 죽을 때까지도 아니 죽고 나서도 오지 않는다. 이 세상에서 도저히 만들어질 수 없는 환경을 기다리고 있다. 세상이 그들을 중심으로 돌아가야 가능하다. 그런데 그런 세상은 지구가 멸망하는 날까지 오지 않는다. 기존에 손에 쥐고 있는 것을 놓지 않으면서 새로운 행동에 대한 위험(Risk)을 부담하지 않고 원하는 결과만 얻으려고 하는 경우가 대부분이다.

이러한 사람들은 기존에 갖고 있는 액션플랜들을 실천하기만 하면 된다. 이미 자신이 무엇을 해야 하는지 다 알고 있다. 자신의 다짐을 행동으로 옮기기만 하면 된다. 이래서 안 된다, 저래서 안 된다 하는 핑계들만 저 멀리 던져버리면 된다. 자신들이 원하는 기회는 가상현실 속에서나 볼 수 있으니 말이다.

앞서 유튜브 방송 사례에서 언급했던 사격 예시가 여기에 해당된다. 군대에서 사격훈련을 할 때 먼저 총을 시범적으로 쏜다. 그리고 총알이 과녁에서 어디에 주로 박혀 있는지 본다. 예를 들어 탄착군이 어디에 형성되었는지 보고 가늠쇠와 가늠자를 조정한다. 이것을 0점 조정을 한다고 한다. 그리고 다시 사격을 해보면 종전보다 훨씬 더 많은 총알이 과녁 중앙에 명중한다. 결국에 제대로 된 사격을 하기 위해서는 총을 먼저 쏘아야 한다는 말이다.

총을 쏘기 전에는 어떤 문제점이 있는지 알 수가 없다. 그러나 첫 번째 사람들은 처음부터 총알을 과녁의 중앙에 맞추려고 한다. 그들은 조준만 하다가 시기를 놓친다. 자신이 계획과 조사 내용이 올바른 지 알 수 있는 방법을 실제로 시도해보는 수밖에 없다.

석세스프린서플을 모두 알고 있지만 실생활에 적용하지 않는다면 무용지물이다. 아래는 미국의 격언들이다.

"세상은 당신이 무엇을 알고 있는지에 반응하는 것이 아니다. 당신의 행동에 보상을 주는 것이다(The world doesn't pay you for what you know, it pays you for what you do)."

"세상은 행동에 보상한다(The universe reward action)."

당신이 머뭇거리고 있는 사이에 누군가는 총을 쏘고 있다. 그리고 그들은 책에서 배울 수 없는 소중한 것들을 자신의 직접적인 경험을 통해 배우고 있다. 이 경험들은 그들의 행동을 더욱 효과적으로 개선하고 발전시킬 것이다. 결국 정상에 올라 아직도 머뭇거리는 그들을 내려다보고 있게 된다.

다음 사례는 우리에게 많은 울림을 준다. 대부분의 사람들도 자신도 모르는 사이에 남이 다 해주기만을 바라는 경우가 많기 때문이다.

어떤 남자가 조난을 당했다. 독실한 신자였던 그는 하나님께 살려달라고 간절히 기도했다. 하나님께서 자신을 구해줄 것이라 굳게 믿었다. 그러는 사이 구조대의 구명보트가 남자 곁으로 다가왔다. 구조대가 남자에게 구명보트에 빨리 올라타라 말했으나 남자는 "하나님께서 저를 구해주실 것입니다."라고 하며 돌아가라고 하였다. 잠시 뒤 구조 활동을 벌이던 헬기가 남자를 발견하고 구하려 하였으나 이 역시도 그 남자는 하나님께서 구해주실 것이라 하면서 도움을 거절했다. 그러다 남자는 죽고 말았다. 하나님께서 자신을 구해주시리라 믿었던 그는 화가 나서 하나님에게 가서 따지기 시작했다.

남자가 말했다.

"하나님, 제가 열심히 기도하였는데 왜 절 죽도록 내버려 두신 겁니까?"

그러자 하나님이 말씀하셨다.

"아들아, 내가 너를 구하기 위해 구명보트도 보내고 헬기도 보냈지만 네

가 모두 마다했지 않느냐."

  분명 지금까지 알아채지 못했던지 알았던지 간에 우리 곁을 그대로 지나간 보트와 헬기들은 정말 많았을 것이다. 행동하지 않아서 잡지 못했던 기회가 얼마나 있었는지 돌이켜 보자. 가만히 앉아서 생각만으로 모든 것이 가능하다면서 주변에 다가왔던 기회조차 발로 차버렸던 적은 없는가? 아직은 완벽한 기회가 아니라고 여기며 미루는 경우는 없었는가? 누군가 나서서 대신 해주기를 바랐던 경우는 없었는가? 자금, 지식, 정보, 사람 등이 부족하다는 탓을 하면서 망설이기만 했던 경우는 없었는가?

  행동이라고 해서 거창하게 시작할 필요는 없다. 그러나 적어도 눈앞에 들어온 기회들을 잡는 사소한 행동은 반드시 필요하다.

  두 번째는 의식적인 행동이 필요한 사람이다. 늘 분주하게 움직이면서 새로운 행동을 하고 있는 것처럼 느끼지만 알고 보면 반복적인 습관인 경우다. 일부러 새로운 행동을 시작하지 않는 한 일상 속의 습관은 절대 달라지지 않는다.

  하루 중에 습관으로 하는 일과 그렇지 않는 일을 찾아보면 알 수 있다. 아침에 일어나는 것부터 습관이다. 만약 아침에 일찍 일어나려고 한다면 전날 잠자리에 일찍 들어야 하는 것은 당연하다. 별 생각이 없이 전과 같은 시간에 잠자리에 들게 되면 아침에 일찍 일어나는 것은 더욱더 힘들어진다.

  돌발상황이 발생했을 때 대응하는 방식조차 습관에 의해서 결정된다. 습관을 바꾸려면 반드시 인위적으로 행동을 시작해야 한다. 의식적으로 행동하지 않으면 절대로 습관을 하기 쉽지 않다.

우리의 몸을 이용하여 직접 테스트해볼 수 있다. 먼저 양손을 준비한다. 두 손바닥을 마주 보면서 깍지를 껴본다. 이때 엄지손가락을 기준으로 어느 손이 위에 있는지 확인한다. 당연히 오른손이 위에 있는 사람, 왼손이 위에 있는 사람 모두 각양각색 다양하다. 그리고 두 손의 깍지를 풀고 잠시 있다가 다시 똑같이 깍지를 껴본다. 이번엔 어느 손이 위로 올라갔는가? 방금 전에 위로 올라갔던 손이 올라가 있을 것이다. 몇 번을 다시 해봐도 동일한 결과가 나온다. 깍지를 낄 때 오른손이 위로 올라간 사람도 있고 왼손이 위로 올라간 사람도 있다. 제각각 다르다고 해서 사람들이 깍지를 낄 때마다 깍지 낀 손의 위치가 달라지는 것은 아니다. 오른손이 위에 있는 사람은 늘 그 손이 위로 올라간다. 자신이 항상 오른손이 위에 있다는 사실을 인식하고 그것을 바꾸려고 시도하기 전에는 말이다. 이것이 습관이라는 것이다.

이번에는 평소의 습관과 반대로 인위적으로 행동을 해본다. 깍지를 낄 때 오른손이 위에 있었던 사람은 왼손을 위로 올려본다. 처음과 반대 손이 위로 올라가도록 깍지를 껴 느낌을 확인해본다. 대부분 이상하거나 어색하고 불편하다고 말한다. 하지만 그 상태 그대로 5분 정도를 계속 유지해본다. 그러면 신기하게도 불편했던 느낌들이 많이 사라지고 익숙해진다.

여기서 알 수 있는 점은 새로운 행동은 반드시 인위적으로 해야 한다는 것, 그리고 처음에는 어색하여 잘 시도하지 않지만 시간이 지나면 친숙해진다는 것이다.

새로운 행동이 습관화 되기 위한 기간은 30일 정도다. 30일간 꾸준히 유지한다면 새로운 행동이 성공습관으로 정착될 수 있는 것이다. 평소와 전혀 다른 생활방식을 익혀야 하는 군대 신병훈련소의 훈련기간도 30일인 것도, 우주인이 시각적으로 적응하는 데 걸리는 시간도 30일인 이유도 그 때문이다. 인위적인 행동을 일으키고 그것을 30일간 꾸준히 유지하면 된다. 반복되는 일상을 바꾸기 위한 방법은 의도적으로 행동을 시도하고 그것을 일정기간 동안 유지하는 것이다. 하지만 실제로 하려고 하면 쉽지 않기 때문에 동기부여 받는다면 성공할 가능성이 높아진다. 비전공유(선언효과, 지원)를 하거나 뒤에서 언급할 마스터마인드 그룹의 힘을 빌리면 행동으로 실천할 수 있도록 많은 도움을 받을 수 있다.

세 번째는 마땅히 무슨 행동을 해야 할지 모르는 사람이다. 행동의 중요성은 많이 보고 들었지만 사실 구체적으로 어떻게 해야 하는지 막막하게 느껴질 때가 있다. 이럴 때는 그 누구든지 관계없이 모든 사람이 공통적으로 해야 하는 행동을 먼저 하면 된다. 그것은 바로 '요청, 부탁'(Ask, Ask, Ask)이다. 그 어떤 일이든 혼자서 완벽하게 해낼 수 있는 사람은 없다. 잭 캔필드가 강조하는 것 중 하나가 성공은 팀 스포츠(Success is Team Sports)라는 것이다. 그가 코칭했었던 수많은 CEO들은 자신의 성공요인 첫 번째를 바로 '요청, 부탁(Ask, Ask, Ask)'으로 꼽았다. 특히 코카콜라(Coca Cola)의 (어떤) CEO는 자신의 성공 비결을 바로 정보와 지원을 요청하는 것이라고 말했다.

그 어떤 목표를 설정하였든지 반드시 정보, 자원, 사람이 필요하다. 그래서 이것을 요청하는 것은 누구든지 목표에 관계없이 해야 할 일이다. 그래서 뒤에서 워크시트를 통해서 구체적으로 어떻게 요청을 해야 하는지 알 수 있도록 하였다. '요청, 부탁'도 구체적으로 마감 기일을 정해서 누구에게 하는지 여부가 매우 중요하기 때문이다. '요청, 부탁'의 자세한 내용은 '8) 구하고 구하고 구하라(Ask, Ask, Ask)!' 챕터에서 자세히 설명하겠다.

Worksheet 8

행동으로 즉시 요청, 부탁 가능한 리스트업(List-Up)

	정보, 도움, 자원, 사람을 요청/부탁	기한	실행여부
1	사업 성장을 위한 유튜브 마케팅 컨설팅을 요청	2022.10.22 14시까지	완료
2			
3			
4			
5			
6			
7			

8) 구하고 구하고 구하라(Ask, Ask, Ask)!

'구하라 그리하면 너희에게 주실 것이요 찾으라 그리하면 찾아낼 것이요 문을 두드리라 그리하면 너희에게 열릴 것이니 구하는 이마다 받을 것이요 찾는 이는 찾아낼 것이요 두드리는 이에게는 열릴 것이니라'

마태복음 7장 7, 8절

구하기(Ask)는 요청하고 부탁하고 묻는 것을 모두 포함하는 포괄적인 개념이다. 행동에 있어 목표를 가진 모든 사람들이 공통적으로 해야 할 가장 첫 번째가 바로 구하는 것(Ask)이다. '구하기'는 간단하게 바로 실천할 수 있음에도 큰 선물을 받을 수 있는 성공법칙이다. 역사상 단지 '구하기'만을 통해서 얻을 수 있었던 축복들은 매우 많았다. 우리 실생활에서도 물건을 사며 가격을 흥정하는 것조차 '구하기'의 작은 일부이다. 짧고 간단하게 부탁하는 것만으로도 예상치 못했던 혜택을 받는 경우가 정말 많다. 그러나 우리나라 사회는 유독 '구하기'를 잘 하지 않는 문화이다. 거절에 대한 두려움, 자존심, 타인의 시선 등을 많이 의식하기 때문이다.

잭 캔필드 역시 처음에는 구하기를 어려워했다. 과거 젊은 시절 대학원생이었을 때 참여했던 트레이닝에서 있었던 이야기다. 트레이닝에서 참석자들은 대담하게 묻고 요청하기에 대한 실습을 하고 있었다. 실습 중 어떤 남자가 한 여자에게 자신이 괜찮은지 물었다. 매력이 있는지 여부를 물은 것이다. 곁에 있던 잭 캔필드는 질문자의 용감함에 놀랐다. 그리고 질문자가 어떤 대답을 듣게 될까 염려되어 자신이 더 어쩔 줄 몰라 했다. 그런데 답변은 뜻밖에도 "그렇다(YES)"였다. 이것을 보고 용기를 얻은 잭 캔필드도 다른 여성들에게 동일한 질문을 하기 시작했다. 실습 후 참석한 여성들은 많은 남성들이 데이트 신청하는 것을 무서워하는 것을 이해하지 못하겠다고 했다. 많은 남자들이 시도조차 하지 않는 바람에 여성들은 대답할 기회조차도 갖지 못한다는 것이다. 만일 데이트신청을 해본다면 많은 수의 여성들이 분명 "YES"라고 할 것이라는 말도 덧붙였다.

위 사례는 단지 구하는 것이 정말 간단한 행동이지만 우리가 얼마나 부담스러워하고 말조차 꺼내지를 못하고 스스로를 먼저 거절하는지를 알려주고 있다. 구하기에 익숙해지기 위해서는 구하기의 장점과 특성을 잘 기억하고 있어야 한다.

구하기의 최대 장점은 절대 손해 보지 않는 장사라는 것이다. 속칭 '밑져야 본전'이다. 왜냐하면 상대방이 나의 제안, 부탁, 요청을 거절한다고 해도 현재의 상황은 전혀 변할 것이 없다. 더 나빠질 것이 없다는 것이다. 손실을 입을 것도 없다. 그러나 만약 '구하기'를 통해 원하는 것을 얻게 된다면 때에 따라서는 엄청난 기회와 정보, 자원들을 갖게 된다. 일단 '구하기'를 하게 된다면 어찌되었든지 간에 최소한 지금보다 더 나은 상황으로 바꿀 수 있는 계기가 된다. 거절당한다고 해도 잃을 것이 없다.

구하기의 특성은 상대방이 나의 구하기(제안, 요청, 부탁)을 거절할 경우 대부분 나의 '구하기'를 거절한 것이지 내 존재를 '부인'하거나 '무시'해서 그런 것이 아니다. 아주 많은 사람들이 오해하는 부분이다. 거절에 대한 두려움도 바로 이러한 착각에서 출발한다. 특히 영업을 해야 하는 사람들의 경우 제안을 거절하는 것이 나를 '무시'하는 것이라는 마인드셋을 갖고 있을 경우 심리적으로 크게 무너질 수 있다. 거절당하면 화를 내며 상대방과의 관계를 끊거나 악화시키는 경우가 많은데 이것은 모두 자신의 제안을 자신의 가치와 동일시해서 발생하는 일이다.

거절에 대한 부담을 없애고 수월하게 '구하기'를 실천하기 위해서 마음에 명심해야 할 점은 '거절을 당해도 잃을 것이 없다.'라는 것과 '내 존재와 가치가 아닌 제안을 거절하는 것'이라는 점이다. 이 깨달음을 늘 마음속에 새기고 있다면 '구하기'를 실천하는 데 있어 심리적 장애물을 상당부분 제거할 수 있을 것이다.

잭 캔필드를 만나기 전 미리 내가 한국에서 당신처럼 트레이너로서 사업을 하려고 하니 추천영상을 보내달라고 부탁했었다. '구하기'의 첫 실습으로 했었던 부탁이었다. 하지만 거절당했다. 실망했었다. 그러나 앞서 말했듯이 내가 잃을 것은 없었다. 상황이 변할 것도 없었다. 얼마 후 잭 캔필드의 현장 트레이닝에 참여할 것이기 때문에 그곳에서 다시 '구하기'를 해서 꼭 성공해야겠다는 의지를 다졌다. 무조건 된다고 생각을 했다. 미국에 도착하여 트레이닝 당일 내 소개를 했다.

"한국에서 당신에게 트레이닝을 받고 싶어서 찾아왔습니다."

그가 나에게 다음과 같은 첫마디를 던졌다.

"대단하군요(You are Crazy)!"

'Crazy'는 '무엇을' 대단히 좋아하고 열광한다는 의미가 있다. 그 후로 잭 캔필드는 트레이닝 중간에 일부러 한국에 대해서도 언급을 했다. 한국을 대표하여 참석한 'Crazy'한 사람 때문에! 그리고 나는 그에게 나와 함께 영상을 찍자고 제안을 하였다. 그는 흔쾌히 승낙하며 석세스프린서플을 알리며 새로운 성공사례를 만들어갈 국가로 이제 한국이 포함되었다면서 즐겁게 추천영상도 함께 찍어주었다. 나는 부탁 한마디로 전 세계 1억 명의 독자를 갖고 있는 베스트셀러의 작가이자 세계 최고의 성공학 트레이너에게 추천을 받게 되었다. 해당 영상은 유튜브에 업로드하여 언제든지 누구나 볼 수 있다. 단지 부탁 한마디 했었을 뿐인데 요즘 말하는 '인생영상'을 얻게 되었다. 상대방은 부탁을 들어줄 준비가 되어 있는데도 불구하고 거절에 대한 두려움 때문에 말도 꺼내지 못했다면 얼마나 후회할 뻔했는가? 그래서 세상에는 해서 후회하는 것보다 하지 않아서 후회하는 것이 훨씬 더 마음속에 깊이 남아서 우리를 괴롭히게 된다. 나는 가끔 의욕이 떨어지거나 동기부여가 필요할 때 추천영상을 본다. 그러면 방전된 배터리를 충전하듯이 새로운 힘이 내면에서 다시 올라오는 것을 느낄 수 있다. 내가 성취한 성공의 증거물로서 자신감을 북돋아줄 수 있는 도구로도 활용될 수 있는 것이다. 앞으로 자세히 설명하겠지만 '성공일지'에 기록된 작은 성공의 한 가지다. '구하기'를 통해서 받은 선물이 작은 성공의 '증거물'이 되어 성공의 필수 요소인 자신감을 불어 넣는 에너지원이 되었다. 이렇게 구하기를 통해서 작은 성공을 쌓을 수 있고 이것은 단순한 이익을 넘어서 자신감과 성취감도 얻을 수 있다. 그리고 당연히 이러한 요소들이 성공의 필수적인 밑거름이 된다.

　실패해도 전혀 잃을 것이 없고 성공한다면 '구하기'로 얻을 수 있는 성과가 정말 엄청나지 않은가? 그래서 '구하기'는 석세스프린서플에서 가장 강력하고 필수적인 법칙이라고 생각한다. 그 어떤 목표든 수월하고 빠르게 달성하기 위해서는 반드시 '구하기'를 잘 활용해야만 한다.

9) 구하기 노하우

성공한다면 '구하기'로 엄청난 성취도 할 수 있지만 그렇다고 막무가내로 접근하면 성공률이 떨어진다. 이왕이면 제대로 된 방법을 활용하여 수고와 시간을 줄이고 성과는 극대화할 수 있는 자세한 방법을 다음과 같이 소개하려고 한다.

첫 번째는 구체적으로 요청을 해야 한다. 애매모호한 부탁들은 거절하기도 쉬울 뿐 아니라 승낙한다고 해도 어떻게 해야 할지 상대방도 혼란스럽다.

데이트 신청하는 것을 예를 들면,

"오늘 저녁 6시에 ○○에서 식사를 하고 ××에서 연극을 볼래요?"

위와 같이 구체적으로 데이트 신청하는 것과

"언제 한번 기회가 될 때 저랑 같이 데이트 하실래요?"

라고 말하는 것은 천양지차다. 위에서 말하는 '언제'가 대체 언제라는 것인가? 상대방이 승낙해도 정말로 만날 수 있을지는 미지수다.

비슷한 예로

"저를 좀 도와 주시면 좋겠습니다."

라고 말하는 것과

"오늘은 ○○파일철을 주시고 내일은 ××을 깨끗하게 청소해 주세요."

라고 요청하는 것의 차이점은 확연히 느낄 수 있다. 명확하지 않은 부탁은 상대방의 구체적인 행동을 이끌어낼 수 없다. 그리고 부탁을 승낙한다고 해도 구하는 사람이 원하는 것을 상대방이 구체적으로 모르기 때문에 실질적으로 도움이 되지도 않는다.

　두 번째는 권한이 있는 사람에게 구해야 한다.

　부탁을 들어줄 수 없는 사람에게 말하면 당연히 거절한다. 권한이 없는 사람은 매뉴얼에 따라서 행동하려고 하고 매뉴얼에 없는 일은 절대 하지 않으려고 한다. 주어진 일 이외의 것은 위험을 무릅쓰는 일이라 생각하기에 협상의 여지가 없다. 가끔씩 고객이 자신의 요구를 들어줄 협상 상대로 매장 등에서 사장, 대표를 고성으로 호출하는 경우를 볼 수 있다. 정식으로 배우지는 않았지만 경험적으로 권한이 있는 사람과 대화를 해야지 자신의 요구를 관철하기가 더 쉽다는 것을 알고 있기 때문에 볼 수 있는 장면이다. 개인 간 협상뿐 아니라 회사, 정부의 협상에서도 마찬가지다. 그래서 '구하기'를 실행할 때 상대방이 권한이 있는지 잘 살펴야 한다. 권한이 있는 상대방에게 요청을 해서 성공한 재미있는 사례가 있다.

　'구하기'에 대한 부담감을 없애고 자신감을 기르기 위해 부탁하는 것을 연습하는 남자가 있었다. 지아 장이라는 이 사람은 도넛 매장에 가서 매니저에게 도넛으로 올림픽 오륜마크 모양을 만들어 달라고 부탁을 한다. 평범하지 않은 부탁이었지만 의외로 그 매니저는 심각하게 고려하더니 결국 도넛 여러 개의 귀퉁이를 잘라서 정말로 올림픽 오륜마크 도넛을 만들어 주었다. 최대한 비슷하게 만들기 위해 색깔도 각각 다르게 만들어 주었다. 심지어 돈도 받지 않았다. 놀랍지 않은가? 지아 장은 간단한 요청으로 세상에서 단 하나의 올림픽 오륜마크 도넛을 얻게 되었다. 그것도 공짜로.

물론 상대방이 해당 매장 담당매니저였기에 가능한 일이었다. 만일 그 사람이 매니저가 아니었어도 그의 도전이 성공할 수 있었을지 장담할 수 없다. 그러나 동일한 부탁일 경우 반드시 상대방이 부탁에 대한 권한이 있는 사람인지 확인해야 성공률을 높일 수 있다.

세 번째는 거듭 반복 요청하라는 것이다. 거듭 반복 구하는 것도 당연히 요령이 있다. 무조건 같은 부탁만 반복하는 것이 아니라 주변상황이 변하였을 때, 보다 조금 더 친해졌을 때, 상대방의 기분이 좋아졌을 때, 당신이 새로운 정보를 제공할 수 있을 때와 같이 조건을 조금씩 변경하면서 꾸준히 요청한다. 어린이들이 특히 잘한다. 영리한 어린이들은 조금씩 상황을 변화시키면서 집요하게 요청한다. 이들에게는 거절에 대한 두려움도 없다. 결국에는 원하는 것을 얻어낸다. 10번 찍어 안 넘어가는 나무는 없다 있다. 심지어 30번 이상 청혼하여 결국에는 결혼에 성공한 남자 이야기도 있다.

세일즈맨의 판매 시도와 성공률의 관계에 대한 다음과 같은 통계가 있다. 통상 대부분 세일즈맨의 44%가 첫 번째 시도 후 판매를 포기한다. 24%는 두 번째 시도 후 포기한다. 그리고 14%는 세 번째 시도 후 12%는 네 번째 시도 후 포기한다. 도합 44+24+14+12=94, 총 94%의 세일즈맨이 네 번째 시도 이후 포기한다. 그런데 의미심장한 결과는 모든 판매의 60% 이상이 다섯 번째 판매 시도 이후에서 이루어진다는 것이다.

실례로 빌 포터(Bill Porter)는 선천적 뇌성마비 장애인이었음에도 끈기 있게 반복적인 '구하기'를 실천하여 자신이 일하는 왓킨스사 최고의 판매기록을 세운 전설적인 세일즈맨이 되었다. 몸이 아무리 불편해도, 눈이 오나 비가 오나 아무리 거절당해도 하루도 빠짐없이 고객들을 방문하였다. 그 결과 그의 판매기록은 지금도 깨지지 않고 있다.

거듭 반복 요청의 힘은 이렇게 강력하다. 한 번의 거절이 영원한 거절이 아니라는 것은 대단히 고무적인 일이다.

마지막으로 요청하기의 성공률을 획기적으로 높여줄 수 있는 굉장히 강력한 팁이 있다. 상대방이 함부로 뿌리치지 못하게 만드는 방법이다. 그것은 바로 '이득'을 함께 제시하는 것이다. 요청을 들어주었을 때 상대방이 가질 수 있는 이득을 제시하게 되면 쉽게 거절할 수 없다. 그리고 매우 성공률이 높아지게 된다. 어느 날 사무실로 어떤 남자가 찾아왔다. 자신의 사업에 대해 조언을 얻기 위해서라고 했다. 선의를 베풀려는 마음으로 남자의 이야기를 들어보니 자신이 사람을 즉시 낫게 할 수 있는 획기적인 자연치료기법을 갖고 있는데 이것을 의대 앞에서 의대생들에게 알리고 그것을 교육하겠다는 것이었다. 이 사업의 핵심은 의대생들에게 자신의 기법을 배우도록 요청하는 것이었다. 그래서 의대생들에게 어떤 이득을 제시할 수 있는지 물어보았다. 그는 아무런 대답을 하지 못했다. 수백 년간 검증된 의학기술을 공인된 기관에서 익히고 있는 의대생들이 출처도 불분명한 자연치료기법을 익히는 데 시간과 비용과 노력을 투자할까? 현재 익히고 있는 의학기술에 배분할 시간도 모자라는 사람들이 의대생들이다. 아울러 향후 일선 의료 현장에서 이미 보편화된 의료기기들과 의학기술을 사용하지 않고 잘 알지도 못하는 자연치료기법을 사용할 리가 만무했고 설사 모든 것을 차치하고 그렇다고 하더라도 부작용 등이 생길 경우 의사 마음대로 치료했다고 하여 더 난처한 일이 생길 수도 있었다. 손해 볼 일만 있지 아무런 이득이 없다. 그래서 나 같았으면 차라리 의대생들 입장에서 눈앞에 닥친 현안은 의사고시에 합격하는 것일 수 있으니 수월하게 시험을 통과할 수 있는 방법(이득)과 함께 요청하는 것이 훨씬 더 효과적일 수 있지 않겠냐고 조언하였다.

여기에 더 쉬운 이해를 위해 현재 당신이 나에게 조언을 구하고 있는 상황인데, 내가 당신에게 조언을 주는 것이 나에게 무슨 도움(이득)이 되는지를 물었다. 남자는 아무 대답도 못 했다. 이와 같은 상황에서는 조언을 구하는 미팅 자체를 거절당하기 쉬우며 앞서 언급하였듯이 내가 베푸는 선의에 기대서만 조언을 얻을 수 있는 상황이라는 것도 알려주었다. 그래서 하다 못해 이러한 선의라도 좀더 이끌어내기 위해서는 지금처럼 빈손으로 오는 것보다 박카스(이득)라도 사 오는 것이 더 성공률을 높일 수 있지 않겠냐고 덧붙였다.

모든 사람들은 자신의 이득을 중심으로 하여 움직이게 되기 때문에 상대방의 요청을 들어주는 것이 기본적으로 나에게 무슨 이득이 될지를 생각하게 된다. 설사 생각하지 못했다고 할지라도 이득을 제시하면 된다. 요청을 들어줄 때 자연스럽게 생기는 이득이 아니라 요청을 수락하는 조건으로 제시하는 새로운 이득도 좋다. 어떠한 종류의 이득이든 상대방에게 매력적인 이득이라면 제안은 성공할 가능성이 높아지게 된다. 매력적인 이득의 특징은 다음과 같다.

상대방의 이득의 폭은 무한이 커질 수 있지만 손해는 없거나 제한되어야 한다는 것이다. 앞선 남자의 사례를 생각해보면 쉽다. 그는 위의 원리를 반대로 적용한 상황이다.

지금까지 인류의 대단한 성공이야기들은 간단한 '구하기'에서부터 출발했다. 그리고 종국에는 부와 성공의 그리고 행복을 얻게 되는 굳건한 발판이 되었다. 이제 우리들의 차례이다. '구하기'는 석세스프린서플에서 가장 간단한 법칙이지만 엄청난 위력을 갖고 있으며 실행하는데 돈도 들지 않는다. 실패해도 아무것도 잃지 않는다. 위험이 전혀 없는 투자다. 잊지 말아야 할 것은 정말 의외로 많은 사람들은 우리의 부탁을 들어줄 준비가 되어 있다. 단지 스스로 먼저 '이건 안 될 거야, 이런 부탁을 들어줄 리 없지.' 하면서 상대방이 대답할 기회조차 주지 않는다. 지레짐작하여 말도 꺼내보지 못하고, 메일조차 써보지도 못하고 포기했던 적이 얼마나 많았는가? 이제는 마인드셋을 바꿔야 한다. 전혀 부담 갖지 말고 마음껏 '구하기'로 인생을 변화시켜보자.

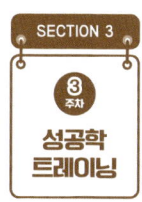

10) 방향은 피드백으로 찾는다

대부분의 사람들은 행동이 중요하다는 것을 알고 있다. 그래서 오히려 행동에 집중하면서 이후에 얻게 되는 피드백에 대해서는 잘 모르거나 넘겨버리는 경우가 많다. 하지만 피드백 또한 행동이 빛을 발하기 위해서 매우 중요한 요소이다. 일단 행동하기 시작하면 어떤 종류이든지 반드시 피드백을 받게 된다. 이 피드백을 어떻게 받아들여서 행동에 반영하는가에 대한 여부가 성공의 필수요소가 된다.

피드백에 주의를 기울이면 지금 행동이 올바른 것인지 계속 진행해야 하는지 알 수 있다. 그리고 부족한 것이 무엇인지도 알 수 있다. 목표에 제일 빠르게 도달하는 방법은 피드백을 잘 활용해서 우리의 행동과 태도를 계속 조정하는 것이다. 목적지를 향해 올바른 방향으로 가고 있는지 확인할 수 있는 나침반(Compass) 같은 역할을 한다.

만약 망망대해를 항해하는 선박에 승선해 있다고 가정해보자. 앞서 이 책의 가이드를 따라서 목적지(목표)를 정했다. 그리고 목적지를 향해 출항(행동)했다. 그다음은 올바른 방향으로 항해하고 있는지 확인하는 작업이 꼭 필요하다. 무조건 행동해야 한다는 강박 때문에 제대로 된 확인도 없이 엉뚱한 곳으로 항해(행동)하고 있다면 절대로 목적지(목표)에 도착할 수 없다. 그리고 목표를 향해서 일직선으로 뱃머리를 유지해서 최단거리로 항해하기 위해서도 나침반이 반드시 필요하다.

현재 선박은 기술이 발전하여 DGPS 기능과 전자해도(자동차 내비게이션과 같은 역할을 하는 것으로 이해하면 된다)를 탑재하였음에도 불구하고 자이로 콤파스(Gyro Compass) 2~3대와 마그네틱 콤파스(Magnetic Compass) 1대 이상을 꼭 설치하여 활용하고 있다. 나침반만 자그마치 4대 이상 설치되어 있는 것이다. 복수의 나침반으로 오차 없는 완벽한 방향을 인지하려고 하며 늘 비상시에 대비한다. 현재 선박의 방향을 정확하게 아는 것은 그만큼 매우 중요하다. 방향을 모른다면 절대로 목적지에 도달할 수 없기 때문이다. 그래서 24시간 나침반으로 피드백을 받고 방향을 점검하고 잘못되어 있다면 수정한다.

성공(목표달성)을 위한 과정에도 방향 점검이 항상 필요하다. 피드백이 그 역할을 한다. 그래서 우리도 피드백을 나침반처럼 다루어야 한다. 목표에 얼마나 수월하고 빠르게 도달하느냐는 얼마나 피드백을 잘 활용하는가 여부에 달렸기 때문이다.

피드백을 잘 활용하기 위해서는 우선 그 종류를 알아야 한다. 피드백은 크게 긍정적인 것과 부정적인 것으로 나뉜다.

긍정적 피드백은 칭찬이나 인정, 감사와 같은 감정적인 것에서 승진, 연봉 인상, 인센티브, 보상, 돈과 같은 직접적인 것들이 있다. 이것들은 우리가 올바른 방향으로 행동하고 있다는 것을 말해준다.

부정적 피드백은 이와 반대로 실패, 손해, 갈등, 승진 누락, 혹평, 비판 등과 같은 것들이 있다. 이것들은 잘못된 방향으로 행동하고 있다는 것을 보여준다. 방향 수정이 필요하다는 것을 알려준다. 간과하지 말아야 할 것은 부정적인 피드백도 마찬가지로 성공(목표달성)을 위해서 꼭 필요한 나침반으로서 역할을 한다는 것이다. 그렇기 때문에 당연히 부정적 피드백도 매우 유용하다. 다만 사람은 이성보다 감정을 따르는 경향이 강하기 때문에 부정적 피드백들을 잘 이용하지 못한다는 것이 문제이다. 그래서 부정적 피드백에 따른 감정의 변화가 어떻게 일어나는지 책과 트레이닝을 통해 미리 파악하고 대응할 수 있어야 한다. 미리 준비하고 있다면 과거와 같이 감정적인 대응으로만 그치는 것이 아니라 우리에게 필요한 부분도 유용하게 잡아서 사용할 수 있을 것이다. 부정적 피드백에 대한 감정적 반응은 주로 아래와 같다.

첫 번째는 부정적 피드백을 준 대상에게 화를 내는 것이다.

두 번째는 피드백과 피드백을 준 대상을 무시해버린다.

세 번째는 피드백을 받고 좌절한다.

위와 같은 감정적 대응은 가능한 자제하고 필요한 요소들을 행동에 반영하도록 해야 한다. 부정적 피드백도 단지 정보에 불과하다는 것을 분명히 인식하고 있어야 한다. 행동을 올바른 방향으로 수정하는 데 사용하면 되는 것이다. 물론 피드백을 받고 격한 감정이 발생할 수는 있다. 그러나 추후라도 피드백을 정보로서 이용할 줄 알아야 한다.

앞서 '인생을 100% 책임져라'에서 언급했던 $E_{(사건)} + R_{(반응)} = O_{(결과)}$ 공식에서 반응을 구성하는 요소 중에 한 가지였던 '생각$_{(Thought)}$'을 기억하고 있을 것이다. 타인이 나에게 '바보'라고 하거나 '녹색머리'라고 말할 때 그것을 계속 마음에 두면서 스스로에게 다시 되뇌어 말할$_{(Self-Talk)}$ 것인가, 그렇지 않으면 나는 전혀 해당사항이 없기 때문에 두 번 다시 생각할 필요 없이 넘겨 버릴 것인가 여부에 따라 최종 결과는 완전히 달라지게 된다.

나에게 '바보', '녹색머리'라고 말했던 사람은 이미 잊고 자신이 그런 말을 했는지조차 기억 못할 수도 있지만 당신은 스스로에게 계속 부정적으로 말하고(Self-Talk) 있다면 어떻게 되겠는가?

정보는 받아들이고 불필요한 내용이나 감정들은 E+R=O 공식을 생각하면서 그대로 흘려보내자. 성공을 위해서는 생각을 관리하는 것(반응의 3요소 중 하나)도 중요하다.

피드백을 요청하는 것도 중요하다. 왜냐하면 행동을 했다고 해서 모든 피드백이 자동으로 주어지는 것이 아니기 때문이다. 그래서 때로는 피드백을 적극적으로 요청해야 한다.

필자 역시 교육을 마치면 참여하신 분들에게 피드백을 요청한다. 트레이닝에서 인상 깊었던 부분(이유까지 구체적으로), 삶에서 활용하기 위해서 내일부터 할 수 있는 일, 트레이닝에 참석하여 새롭게 궁금한 점, 고민, 문제점을 적어달라고 요청한다. 이러한 피드백을 바탕으로 트레이닝을 더욱 개선하고 발전시켜 항상 최고 품질의 교육이 유지될 수 있도록 한다.

그러나 많은 사람들이 피드백을 요청하는 것을 가볍게 생각하고 아래와 같이 단순하게 요청하는 경우가 많다.

"어떻게 생각하세요?", "느낀 점을 말해주세요."라고 요청하는 경우가 많은데 돌아오는 대답은 십중팔구 "좋았어요.", "재미있었어요."라는 답변이 대부분이다. 이러한 피드백은 그 가치가 매우 떨어진다. 피드백을 받는 사람이 보완하거나 수정할 수 있는 정보가 없다. 피드백 요청자는 어디가 어떻게 좋았다는 말도 없기 때문에 장점을 강화할 수도 없다. 약점을 보완할 수도 없고 강점을 살릴 수도 없는 아무런 의미가 없는 피드백이다. 이와 같이 예의상 말한 것일 수도 있는 피드백을 듣고 기분 좋아하는 것으로 그 친다면 발전이 있을 수 없다.

안타깝게도 피드백을 주는 사람은 질문자를 생각해서 구체적으로 이것은 '이래서 좋고 저것은 저래서 나빴다'라고 자세하게 짚어주지 않는다. 질문자가 싫어서 피드백을 주기 싫어서 그런 것이 아니라 사람이 속성이 자신에게 직접적으로 관련된 일이 아닐 경우에는 깊게 생각하지 않기 때문이다. 즉 구체적으로 요청하기 전에는 절대로 먼저 미주알고주알 말하지 않는다.

피드백을 요청하는 것도 요령이 있다. 앞서 배웠던 '구하기'의 요령과 흡사하다. 피드백을 요청하는 것도 '구하기'의 확장이라고 볼 수 있기 때문이다. 가능한 분류를 나누고 어떻게 요청해야 나에게 유용한 피드백이 들어올지 우리가 먼저 고민을 하고 질문해야 한다. 날카로운 질문일수록 유용한 정보를 얻을 수 있다는 것을 잊지 말자.

훌륭한 피드백을 얻기 위해서 잭 캔필드가 강조하는 질문은 아래와 같다. "1~10까지의 점수 중에서 ○○기간 동안 ××서비스/제품/행동에 대해 몇 점을 주겠습니까?"라는 질문이다. 행동에 점수를 매겨달라고 요청하는 것이다. 반드시 개선이 필요한 것일수록 더욱 세세하게 거리낌없이 점수를 요구할 수 있어야 한다.

그리고 정말 중요한 질문은 바로 다음 질문이다.

"만약 10점이 되지 않는다면 10점이 되기 위해 무엇이 필요한가요?"

이 질문으로 얻는 정보가 가장 유익한 정보다. 구체적 개선 방법을 상대방으로부터 얻을 수 있다. 묻고 요청하기 전에는 상대방이 나를 위해 스스로 생각해서 피드백을 주지 않는다. 위와 같은 질문은 상대방을 생각을 하게 만들고 구체적으로 보완점을 짚어주게 된다. 단지 '좋았다'라는 정보와 얼마나 큰 가치차이가 있을지 생각해보라.

만일 이와 같은 피드백을 주기적으로 요청해서 받는다고 하면 얼마나 더 발전할 수 있을까?

피드백을 활용하는 데 있어 남녀노소 직업, 환경이 따로 있을 수 없다. 당신이 누구이든 어떤 일을 하고 있든지 목표를 달성하기 위해서는 피드백이 꼭 필요하다. 그래서 필자 또한 최고의 트레이닝을 만들고 참여자 분들의 삶을 가장 효과적으로 변화시키기 위해서 위와 같은 방법으로 최대한 피드백을 활용하고 있다.

현재의 직업과 사업에서 동료, 고객을 상대로 말, 글 등을 비롯한 다양한 수단으로 구체적으로 피드백을 요청해보자. 세상사람들이 마치 나를 위해 조언해주며 함께 일하는 동료와 같은 존재가 될 것이다.

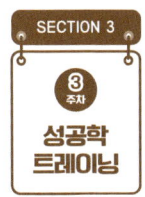

11) 마스터마인드그룹

트레이닝을 진행하면서 느낀 점이 몇 가지 있다. 그중 하나는 많은 사람들이 타인과 교류를 하거나 함께하여 성과를 거두려고 하기보다는 자신의 힘만으로 성공을 하려는 경향이 강하다는 것이다. 때로는 주변에서 먼저 제의를 하는 경우에도 거절하기도 한다.

성공은 팀 스포츠(Success is Team Sports)이다. 도중에 부딪치는 장애물을 뛰어넘고 그 어떤 목표라 할지라도 수월하게 달성하기 위해서는 멘토가 필요하고 지원자가 필요하고 동료가 필요하다. 아이디어와 돈 또한 사람으로부터 온다. 다양한 경험을 가진 사람들과의 교류는 생각의 한계를 깨고 시야가 더욱 넓어질 수 있도록 만들어준다.

그래서 정말 중요하게 생각해야 할 것은 내가 '무엇'을 알고 있는가보다 '누구'를 알고 있는가이다.

'무엇'을 알아야 하는지 여부를 중요하게 여기는 사람은 혼자서 성공하는 것에 집중한다. 그래서 책과 강의를 유일한 수단으로 생각한다. '누구'를 알아야 하는지 여부를 중요하게 여기는 사람은 혼자서는 힘들지만 함께하면 성공이 훨씬 쉬워진다는 것을 알고 있다.

만일 내가 5~6명으로 이루어진 그룹에서 활동하면서 현재 봉착한 문제나 앞으로 사업(삶)의 방향 대해 주기적으로 조언과 아이디어, 인맥 소개,

지원, 격려, 동기부여 등을 받을 수 있다면 성공하기가 얼마나 더 수월해질 것인지 상상해보자. 나 또한 그들에게 도움을 주며 그들의 성공을 돕는다. 그래서 결국은 그들의 성공이 나의 성공을 돕고, 나의 성공이 그들의 성공을 돕는 선순환 구조가 만들어진다. 그래서 이 그룹에 속한 사람들 모두 성공이 가속화될 수밖에 없다.

이러한 모임을 '마스터마인드그룹'이라고 한다. 마스터마인딩을 활용하여 성공한 대표적인 사람들은 강철왕 앤드류 카네기, 발명왕 토마스 에디슨, 자동차왕 헨리 포드와 타이어왕 하비 사무엘 파이어스톤이다. 이들은 마스터마인드그룹 1세대라고 부를 수 있다. 서로 아이디어뿐 아니라 사업상으로도 밀접하게 영향을 주고받았다. 예를 들어 포드 자동차에서 만들어진 자동차 상당수는 파이어스톤의 타이어가 독점적으로 사용되는 방식이었다. 이들의 마스터마인드 그룹은 매우 강력한 위력을 발휘하여 그들의 성공의 커다란 비결이 되었다. 이들은 마스터마인딩에 아래와 같은 격언을 남겼다.

〈앤드류 카네기〉

"홀로 모든 것을 이뤄낼 수는 없다. 주변 사람들을 부자로 만들어야 당신도 부자가 될 수 있다." (No man can become rich without himself enriching others.)

〈하비 사무엘 파이어스톤〉

"내 성공의 비밀은 간단하다. 그것은 '사람을 아는 것'이다." (The secret of my success is a two word answer: 'Know people.')

"사업에서 중요한 것은 자본도 경험도 아니다. 이런 것들은 얼마든지 얻을 수 있다. 정말 중요한 것은 아이디어이다. 만일 당신에게 아이디어가 있다면 전부를 가진 것이며 사업과 인생에서 할 수 있는 일에 한계는 없다. 아이디어는 가장 큰 자산이다."

잭 캔필드도 "마스터마인딩의 원리를 이용하지 않고 성공한 사람은 본 적이 없다"라고 말했다.

나 역시 마스터마인드그룹의 원리를 활용하고 있다. 처음에는 마스터마인드그룹에 참여하기가 힘들었다. 우리나라에서는 잘 알려져 있지 않는 개념이었고 그룹을 발견하기도 힘들었다. 그래서 아예 직접 만들기로 하였다. 그리고 한걸음 더 나아가 단지 나 혼자 가입한 그룹만 만드는 것이 아니라 원하는 사람이라면 누구나 쉽게 참여하고 구성원을 조직할 수 있는 장(場)을 만들고 싶었다. 왜냐하면 마스터마인드그룹에 가입하는 것도 어렵지만 그것을 조직하고 운영하는 것도 많은 시간과 노력을 투자해야만 하기 때문이다. 그렇기 때문에 스스로 나서서 마스터마인드그룹을 만들기 위해 움직이는 사람이 거의 없었던 것이다.

마스터마인딩을 실제로 진행해보면 사업상 어려운 문제 해결의 단서를 찾고 다양한 아이디어와 정보를 얻을 수 있기 때문에 뜨거운 열기로 가득 차게 된다는 것을 알 수 있다. 처음 참여하였을 때는 어색하지만 잠시 후면 언제 그랬냐는 듯이 적극적으로 자신의 의견을 피력하기 바쁘다. 사람의 내면에는 다른 사람을 돕고 싶은 마음도 강하고 자신이 알고 있는 지식과 지혜를 말하고 싶은 욕구도 강하기 때문이다.

마스터마인딩 진행 과정은 어렵지 않다.

가장 처음에는 그룹원이 모두 한마음이 되고 진지하게 임하기 위해서 기도를 하거나 각자 본 마스터마인드그룹의 원하는 방향에 대해 언급한다.

두 번째는 지난 마스터마인드그룹 모임 이후의 변화된 모습이나 성공스토리, 새로운 뉴스 등을 나눈다. 지난 모임에서 결심한 행동이나 목표에 대한 결과도 함께 공유한다.

세 번째는 각자 개인에게 배분할 시간을 정한다. 기본적으로 6~15분 내외의 시간이 할당되지만 개인적으로 더 요구하거나 양보할 수 있다. 자신에게 특별한 문제가 있어 보다 집중적인 도움을 원한다면 시간을 더 요청할 수 도 있는 것이다.

네 번째는 각자 주어진 시간을 활용하면서 본격적으로 정보와 지혜 그리고 인맥 소개 등을 받거나 준다. 발의한 그룹원이 도움을 받을 수 있다면 사적인 내용을 주제로 삼아도 된다.

다섯 번째는 자신이 갖고 있는 문제나 앞으로의 방향에 대해서 사람들에게 받은 조언, 정보 등을 활용해서 어떠한 행동을 할 것인지를 정한다. 과정목표(액션플랜)을 설정하는 것이다.

여섯 번째는 감사의 기도로 마무리하거나 각 그룹원들간 서로 감사의 인사를 전한다.

일곱 번째는 다음 주나 다음 달에 마스터마인드 그룹이 다시 모이면 지난번 설정했던 과정목표(액션플랜) 실행여부를 확인한다. 이것은 각 구성원들에게 책임감과 동기부여를 할 수 있다.

전 과정은 타임키퍼(Time Keeper)에 의해서 진행된다. 각자에게 부여된 시간을 엄격하게 지키지 않으면 일부 구성원들은 제대로 참여하지 못하고 소외받게 된다. 이는 그룹원들의 이탈로 이어져 마스터마인드 그룹이 유지될 수 없도록 만든다. 그 누구든지 자신에게 할당된 시간만 사용할 수 있다. 특정인이 독점하여 시간을 사용하는 것을 철저히 방지하여 각 구성원들이 모두 유익함을 얻고 성장하여 그룹 전체의 발전을 유지한다. 마스터마인드그룹은 지인들끼리 모여서 웃고 떠들고 노는 자리가 아니다. 삶의 모든 영역에서의 성공을 위한 분명한 목적을 갖고 소중한 시간을 투자하여 이루어지는 모임이다. 서로를 배려하며 공평하게 참여 기회를 제공할수록 구성원들이 적극적으로 참여하게 되었고 만족감도 굉장히 높아졌다. 실제로 멤버십포럼을 거듭할수록 열띤 마스터마인딩이 이어졌으며 각자의 삶과 사업에서 귀중한 정보와 지혜들을 얻고 있다. 나 또한 마스터마인드그룹의 도움을 많이 받고 있다. 사업을 하면서 마케팅을 다른 분들은 어떻게 접근을 하고 있으며 나에게는 어떠한 것들이 도움이 되는지 많은 조언과 정보를 얻었다.

만약 지금 하는 일이 사업이든 인간관계이든 건강이든 원하는 방향으로 이끌어 나가기 위해 충고가 필요한가?

문제를 해결하기 위해 혜안이 필요하고 자신이 갖고 있는 사고방식의 한계를 벗어나 보다 넓은 안목으로 자신을 바라보고 싶은가?

그렇다면 마스터마인드 그룹에 참여하는 것을 적극적으로 권장한다. 만일 참여하는 것이 쉽지 않다면 직접 만들어도 될 것이다. 성공은 적극적으로 행동하는 자들만 성취할 수 있다. 마스터마인드그룹은 당신이 원하는 것이 그 무엇이든 관계없이 매우 쉽고 빠르게 이루어질 수 있도록 도와주는 강력한 엔진 역할을 할 것이다.

프로세싱 스킬(Processing skill)

성공법칙을 적용하면서 잘 진행되지 않는다고 느낄 때, 장애물에 막혀 있다는 느낌이 들 때 프로세싱 스킬을 활용하여 돌파구를 만든다. 이 뿐 아니라 프로세싱 스킬은 수월한 성공을 위해, 기존 일의 진행속도의 더 커다란 탄력을 주고 싶을 때 활용하는 기법이다. 프로세싱 스킬 중 매우 효과적이며 강력한 기술인 감사를 활용하는 긍정노트에 대해 설명하겠다.

긍정노트

긍정노트는 에스더 힉스(아브라함) 선생님의 『Ask and It Is Given』(국내에는 유쾌한 창조자, 감정연습 분권으로 번역되어 있다)에서 유래되었다. 잭 캔필드 선생님은 이와 비슷한 닥치는 대로 감사하기(Rampage of Appreciation)기법을 활용하기도 한다. 이 기법에 대해서도 기회가 되면 자세히 소개하겠다. — 이 기법을 소개드리는 이유는 필자가 직접 해보니 감사의 진동에너지로 가장 빠르고 쉽게 이동할 수 있었기 때문이다. 일반적으로 감사의 상태를 가볍게 보는 경향이 있다. 평상시 늘 듣고 말하기 때문에 쉽게 도달하고 다룰 수 있다고 여기는 것이다. 하지만 감사일기를 써본 사람들이 토로하는 사실 하나가 있다. 억지로 감사하는 느낌이 들어 힘들다는 것이다. 이는 감사의 감정이 우리가 경험할 수 있는 감정 중 최상위 상태이기 때문에 나타나는 현상이다. 감사를 가볍게 보았지만 사실은 우리가 도달할 수 있는 가장 어렵고도 높은 감정상태라는 것이다. 그렇지만 여기까지만 보고 너무 부담스럽게 생각할 필요는 없다. 감사의 감정은 우리 본연의 상태이기 때문에 언제라도 원하기만 한다면 회복하는 것에 문제가 없다. 감사의 상태는 저항이 없는 상태이기 때문에 성공법칙을 적용하면서 겪는 모든 난관들을 별다른 노력 없이 처리할 수 있게 도와준다. 편안하게 일이 진행되는 것이 우리 본연의 상태라는 것이다. 그러면 어떻게 감사의 감정상태로 수월하게 이동할 수 있을까?

바로 이 물음에 답하고자 긍정노트를 소개하게 되었다. 긍정노트는 곧바로 감사의 감정에 접근하도록 하지 않는다. 끌어당김의 법칙에 의해 감사의 감정과 거리가 먼 슬픔, 좌절, 짜증, 분노 등의 상태에서는 감사의 감정으로 옮겨갈 수 없다. 그래서 그동안 감사하려고 하면 "뭐 감사한 것이 있어야 감사하지."라고 하면서 억지로 강요하는 느낌이 들었던 것이다.

긍정노트는 좋은 것, 장점, 있는 것을 먼저 찾는다. 많은 사람들이 감정을 직접 변화시키려고 하지만 감정은 후행 요소이다. 바로 피드백이다. 생각에 따라, 보는 것에 따라 달라지기 때문에, 감정을 변화시키려 애쓰는 것이 아니라 감정을 유발시키는 생각을 먼저 변화시켜 자연스럽게 감정의 변화를 유도하게 된다. 이로써 감정의 변화가 일어나게 되면 보다 쉽고 빠르게 감사의 감정상태까지 단숨에 올라갈 수 있게 된다. 작성법은 다음과 같다.

주제를 정한다. 처음에는 호감을 갖고 있거나 좋아하는 대상으로 정하는 것을 추천하는데, 그렇지 않으면 감정의 소용돌이에 빠질 수 있기 때문이다. 당장 눈앞에 있는 책상도 좋고 가족도 좋고, 사람, 사물 모두 가능하다. 주제를 정한 다음에는 어떤 점이 좋은지, 장점이 무엇인지, 왜 좋은지를 적어나가야 한다. 분량은 A4 한 페이지 정도면 충분하다. 적으면서 자연스럽게 감정의 상태가 감사의 상태로 이동하는 것을 느낄 수 있다.

긍정노트를 적으면서 겪었던 사례 몇 가지를 이야기하겠다. 경의선 지하철을 주제로 긍정노트를 작성하였을 때이다. 경의선을 타고 교육장으로 가려고 역에 갔는데, 열차 출발 시간보다 늦게 도착하였다. 역사 안으로 들어서면서 당연히 열차가 지나갔을 거라 생각했는데 이게 무슨 일인지 열차가 한 대도 아닌 두 대가 양쪽에서 대기하고 있었다. 한 대는 완행, 다른 하나는 급행 열차였다. 열차가 있을 뿐만 아니라 입맛대로 골라 탈 수 있게 된 것이다. 그 이후로도 경의선을 타면 앞사람이 항상 일어서며 앉을 자리가 생겨났다. 덕분에 편하게 여행을 즐길 수가 있었던 기억이 있다. 이 외에도 긍정노트를 통해 해당 주제와 관련된 일들이 정말 많다. 평소 강의나 카페에도 그 사례들을 자주 올려놓기 때문에 참고할 수도 있다. 성공법칙을 적용하면서 막히거나 슬럼프에 빠진 느낌이 들 때 꼭 활용해보시기 바란다.

잭 캔필드 코리아
㈜오석세스데이 교육 과정

현장교육
https://ohsuccessday.com

석세스프린서플 트레이닝(The Success Principles Training)
잭 캔필드가 40년간 100만 제자들과 함께 검증한 성공법칙
깊은 의식분야까지 체험실습으로 익히는 체계적인 성공학 프로그램

성공학 트레이너 양성과정
성공학 코칭, 트레이닝, 강연 교수법 및 시범강의
한국 문화에 맞도록 최적화된 석세스프린서플 교육자료 Full Set 제공

세도나 메서드(The Sedona Method)
전 세계인의 영적 스승 레스터 레븐슨 창시
궁극의 놓아버림으로 수월하게 원하는 것을 성취

온라인교육

워크샵 무료 등록
https://masterclass.ohsuccessday.com
워크샵(무료등록)은 프로그램별 1년에 단 한번 진행됩니다.

잠재의식 마스터 클래스 워크샵 4~5월 진행
세도나 메서드 베이직 워크샵 10~11월 진행